성,
과 독
서

성,

경험이 칼럼이 되는
지식 콘텐츠

과 독

서

저자
미디어 성과독서 1기

싱크
마트

독서의
세가지 즐거움

"5분만 시간을 주십시오. 책을 다 읽지 못했습니다." 안중근 의사가 사형집행 전 마지막으로 한 말이다. 자기 죽음을 바로 앞에 두고도 인생의 남은 5분을 독서에 할애한 안중근 의사에게 부끄럽게도 우리 국민은 책 읽기에 하루에 채 10분도 할애하지 않는다.

《2019 생활시간 조사(통계청)》에 의하면 우리 국민은 책 읽기에 하루 8분을 사용한 것으로 나온다. 《2019 사회조사(통계청)》에서도 2019년 독서 인구 비중은 50.6%로 2013년 이후로 계속 감소했다. 더욱이 독서 인구 1인당 연간 평균 독서 권수는 14.4권으로 최근 10년간 최저 수준으로 나타났다.

하지만 이와 다르게 2030세대를 중심으로 책을 매개로 한 자발적 '독서 모임'은 갈수록 성행하고 있다. 자유롭게 읽고 싶은 책을 가져와 조용히 읽기만 하고 헤어지기도 하고, 한 권의 책을 선

정해 읽은 뒤 모여서 난상토론을 벌이기도 한다. 수십만 원의 참가비를 내고 독후감을 제출해야 참여할 수 있는 '독서 모임'도 인기다.

인간관계를 멀리하고 '혼술'과 '혼밥'을 즐기는 2030세대가 지극히 개인적인 행위로 인식되던 독서를 모여서 함께 하는 이유는 뭘까? 독서율은 사상 최저인데 '독서 모임'은 왜 증가하고 있는 걸까?

혼자 책을 읽을 때보다 삼삼오오 모여 책을 이야기하다 보면 책을 통한 지식뿐만 아니라 사람에게서 얻는 즐거움과 함께 자기계발을 통한 자기 성장의 즐거움이 크기 때문이다.

독서 모임에서는 단순히 책을 읽는 것(독서-Reading)에 그치지 않고 책을 이야기(토론-Thinking)하는 사람들을 통해서 사고의 폭이 넓어지고 힐링이 되기도 하며, 자기 생각과 주장을 논리적으로 정리한 글(논술-Writing)을 통해 지식의 깊이와 폭을 확장함으로써 새로운 지식을 재창조할 수 있다.

《2020 미래 교육 보고서》에서 박영숙 교수는 "미래 교육의 핵심은 '집단지성'과 '적시학습'이다"라고 말했다. 나 혼자보다 우리가 더 똑똑하며, 필요한 때에 필요한 지식을 배우는 것이 중요함을 강조하는 말이다.

어떻게 하면 미래 교육의 핵심이 될 '집단지성'과 '적시학습'을 가르치고, 나아가 창의적인 인재를 길러낼 수 있을까? 평생학습 시대에 세대 차이를 넘어 함께 읽고, 함께 생각하고, 함께 이야기하고, 그 과정에서 느끼고 깨달은 것을 공유할 수 있는 좋은 방법이 없을까?

미래 교육의 핵심인 '집단지성'과 '적시학습'을 세대 차이를 넘어 누구나 쉽게 참여하고 실천할 수 있는 자기 성장 프로그램의 필요성이 절실했다. MPR Club(미디어 성과독서 클럽=Media Performance Reading Club)은 2020년 그렇게 탄생했다.

이 책은 MPR Club(미디어 성과독서 클럽) 1기 멤버들의 100일간의 '집단지성'과 '적시학습'의 여정이 담긴 도전과 성장의 결과물이자, 독서모임의 세가지 즐거움(Reading-Thinking-Writing)이 가득 채워진 성과물이다.

어떤 책을 읽었느냐보다, 몇 권의 책을 읽었느냐보다 책을 통해 MPR CLUB 멤버 한 명 한 명이 어떻게 성장하고, 그 성장의 결과물들이 어떻게 가치 있게 세상에 공유되어 더 큰 가치를 만들어 낼 수 있는지를 확인하고, 확신할 수 있는 즐거운 여정이었다.

안중근 의사께서 인생의 남은 5분을 독서에 할애했듯, 삶의 짧은 순간에도 독서를 통해 자신의 성장을 만들고 그 성장을 통해 한 나라의 가치를 한껏 높이고 미래 가치를 만들어 냈듯, 우리도 독서에 시간을 좀 더 투자해보자. 그리고 그 시간을 통해 나를 성장시키고 내 가정, 내 직장, 내 지역, 내 나라 미래 가치를 높여보자.

책은 인류의 꿈과 도전과 성공과 실패와 상상력이 누적된 보물이다. 독서를 통해 인류의 꿈과 소통하면서 새로운 영감으로 나를 채우는 시간을 가져보는 건 어떨까. 보물섬은 찾는 게 아니라 만드는 것임을, 보물섬의 보물은 내가 만들어 채워야 함을 잊지 말자.

2021년 12월
미디어 브랜딩 플랫폼 Doing Class 경영 CEO ㅣ 성공 큐레이터
정진일

눈으로 만든
진정한 눈사람

"Do you wanna build a snowman?"
"같이 눈사람 만들래?"

밤새 눈이 소복하게 쌓인 어느 겨울날 아침. 대문 옆 담장에 세워둔 연탄재는 일찌감치 동이 났다. 눈사람을 만들 기대에 부푼 동네 꼬마들 소행이다. 쓸만한 연탄재는 진작에 부지런한 녀석들 차지고, 그나마 쓸 만한 걸 찾아 이집 저집 담장을 기웃거리는 아이들로 동네는 이른 아침부터 부산하다.

어느 한 꼬맹이도 주먹만 한 눈덩이를 이리저리 굴리느라 바쁘다. 하지만 안타깝게도 눈덩이는 연신 쪼개지고 만다. 옆집 오빠가 벌써 어른 덩치만한 눈덩이를 굴리는 동안 꼬맹이는 끝내 자기 주먹만 한 눈덩이 두 개를 붙이는 데 그치고 만다. 옆집 오빠의 크고 멋진 눈사람이 내심 부러웠던 꼬맹이는 입을 실쭉 내민다. 마음만 앞설 뿐, 크고 단단한 눈사람 속에 있는 연탄재의 필요성을 아직은 모르는 눈치다.

마음 상한 꼬마를 달래주고 싶었던 옆집 오빠는 이튿날 아침 연탄재 하나를 꼬맹이 집 대문 앞에 살짝 가져다 둔다. 대문을 열고 나와 연탄재를 발견한 꼬맹이는 추운 줄도 모르고 벌써 신이 난 표정이다. 눈치 빠르게 연탄재에 눈을 뭉쳐 열심히 굴리기 시작한다. 마침내 꼬마는 제법 큰 눈덩이를 만들어내고는 몹시 흡족한 표정을 짓는다. 꼬마는 비로소 깨달았다. 멋진 눈사람의 비밀은 당근 코가 아니라 연탄재라는 사실을.

어느덧 어른이 된 꼬마는 "같이 눈사람 만들래?"라는 겨울왕국 OST를 들으며 문득 옆집 오빠를 떠올렸다. 그날 오빠는 연탄재만 가져다주었을 뿐 아무 말도 하지 않았을까.

책으로 만든 진정한 책

독서를 즐기고 기록으로 남기는 이들은 많으나 뚜렷한 성과를 보이는 경우는 드물다. 독서 모임도 많다. 함께 책을 읽고, 지식을 나누기도 하지만 대부분 거기까지다. 이내 식상한 대화가 오가다 결국은 새로운 독서 모임을 찾기 일쑤다.

책이 좋아서, 혹은 나눔이 좋아서 독서 모임을 꾸준히 가진다면 인맥은 넓어진다. 그러나 그뿐. 책을 통해 진정한 책을 만들기는 결코 쉽지 않다. 마치 단단한 눈사람을 만들고 싶어 주먹 만한 눈덩이만 만들고 있는 것처럼 초심은 깨지고 조각나 흩어지기 쉽다. 크고 단단한 눈덩이를 만들기 위해서는 눈덩이 속 '나만의 연탄재'를 먼저 찾아야 한다.

독서를 한다고 해서 핵심 파워의 비밀을 찾기란 쉽지 않다. 핵심 파워는 잠재된 의식과 지난날 자신의 경험에서 나오기 때문에 표현하고 나누지 않으면 찾기 어렵다. 그런 점에서 <미디어 성과독서 ; MPR club>은 책에서 책이 나오는 아주 유연한 파워를 자랑한다. 독서를 통해 지식을 넓히고 자신의 경험 스토리를 녹여 칼럼 콘텐츠로 완성해 가는 과정 속에서 멤버 모두는 눈사람 눈덩이 속 연탄재를 살짝 건네준 옆집 오빠를 만나 자신만의 숨겨진 콘텐츠 비밀을 알게 되었다.

독서를 통한 공저 프로젝트는 많다. 그러나 참여한 멤버들 모두가 쓴 칼럼에 대해 지속적인 코칭과 피드백을 받으며 그로 인해 놀라운 성장과 성과로 이어진 프로젝트는 지금까지 없었다. 이렇게 <MPR club> 멤버들은 지식칼럼 공저 프로젝트를 통해 모두 칼럼 공저인이 되고 나아가 미디어 언론사를 통한 지속적 칼럼을 발행하는 칼럼니스트로 또 하나의 직업을 추가했다.

미디어 성과독서의 핵심 키워드 : 발견, 나눔 그리고 탄생

지난 2021년 9월 12일 시작한 100일간 독서 프로젝트는 자신을 발견하고 서로와 나누는 시간을 통해 2022년 1월 지식 칼럼 콘텐츠를 탄생시켰다. 미디어 브랜딩 전문가 정진일 대표의 기획 로드맵을 따라 방향을 설정하고 더 단단한 눈덩이를 만들기 위한 연탄재 발견의 중요성을 끊임없이 알려준 최원대 칼럼 코치, 그리고 눈덩이를 굴리는 속도를 조절하고 멋진 눈사람을 뽐내줄 준비를 하는 이지연 대표. 이렇게 세 사람의 클럽 마스터와 참여한 모든 멤버는 서로가 읽은 책 속에서 미래를 살아가는 '책사람'을 만들어냈다.

미디어 성과독서 클럽 활동의 마무리는 끝을 의미하는 것이 아니다. 과거의 나와 현재, 현재의 나. 그리고 미래의 나를 구분 짓는 아름다운 매듭, 즉 '성과의 매듭'이다. 지금까지 무언가를 해도 성과가 없었다면, 열심히 해 노력했지만 늘 제자리 걸음인 듯싶고, 또 경쟁에 뒤처질까 염려하고 있다면, 혹은 다른 사람 것을 모방해 마치 자신의 것처럼 사용해 그 순간을 모면하기를 반복해왔다면 이제는 자신만의 것을 찾기를 권면한다.

과거의 시행착오, 경험과 멋진 눈사람이 되는 연탄재를 찾아주는 기획자와 코치를 만나면 모든 것이 가능하다. <성과독서 2022>는 당신의 경험이 지식칼럼 콘텐츠로 거듭나도록 하며, 아름다운 삶의 터닝 포인트가 되어줄 것이다.

2021. 12 미디어 콘텐츠 브랜딩 그룹 iamscc / doingclass 대표

이지연

CONTENTS

Part 1.

지식

알게 되면
보이나니

**강
성
윤**

조직, 관계에서 해결하고 싶은 문제에 대해 본인 스스로 가진
잠재된 열정과 역량을 업그레이드 하여 해결방안을 만들수 있
도록 돕는 솔루션메이커이다.
solutionmaker@naver.com

흰옷과 검은 옷을 입은 여자들이 서로 공을 몇 차례나 주고받고 있는가? 어느 TV 프로그램에서 했던 실험이다. 참가자들이 공에 집중하는 동안 화면에는 고릴라가 등장했다가 사라졌다. 배경에 있던 커튼 색도 바뀐다. 그러나 정작 참가자들 다수는 고릴라를 보지 못했다고 답한다. 어떻게 외모가 확연하게 차이나는, 심지어 대놓고 사람들 사이를 오가는 고릴라를 못 볼 수가 있나.

참가자들에게 이번에는 고릴라가 지나간다는 사실을 알린 다음 다시 한번 영상을 보여주었다. 그러자 다들 고릴라를 어렵지 않게 발견했다.

사실 나 자신에게도 고릴라가 있지 않을까? 나조차 모르는 나의 장점, 나의 재능, 나의 욕구. 그것을 모르는 사람과 아는 사람은 삶도 다르지 않을까?

"사랑하면 알게 되고 알게 되면 보이나니, 그때 보이는 것은 전과 같지 않으리라."

<나의 문화유산답사기>의 저자 유홍준 교수의 말이다. 문화유산에 대한 사랑으로 역사와 유산에 대해 알게 되면 사물 자체가 다르게 보인다는 것이다. 이 문장의 토대가 되는 원문은 다음과 같다.

知則爲眞愛　　　지즉위진애
愛則爲眞看　　　애즉위진간
看則畜之而非徒畜也　간즉축지이비도축야

알면 곧 참으로 사랑하게 되고
사랑하면 곧 참으로 보게 되고
볼 줄 알게 되면 곧 모으게 되니 그것은 한갓 모으는 것은 아니다.

-저암(著庵) 유한준, 1732(영조 8)~1811(순조 11), 조선 후기의 문장가·서화가

유한준은 조선 정조 때 활동하던 뛰어난 문장가였다. '모은다'라는 말은 당시 수장가였던 석농(石農) 김광국이라는 사람의 화첩에 붙인 발문에 있는 문장이라고 한다.

나를 알면 보이나니

닭이 먼저일까? 알이 먼저일까? 무한루프처럼 계속 뭐가 먼저일지 고민하게 되는 질문이다. 그럼 변화를 위해서는 변화하겠다는 생각이 먼저일까 아니면 변화를 위한 행동이 먼저일까? 필자는 변화를 위한 행동과 생각 이전에 현재의 나 자신에 대해 바르게 아는 것이 중요하다고 생각한다.

새해 첫날만 되면 많은 사람들이 운동하겠다고, 다이어트, 독서 등의 야심 찬 계획을 세운다. 대부분은 작심삼일로 끝나기 일쑤다. 자신에 대해 현재 상태를 제대로 파악하지도 않고 무작정 높은 목표만 설정하기 때문이다. 미라클모닝을 해서 새벽에 일어나 내 시간을 갖고 싶지만 정작 아침 잠이 많고 밤에 더 집중이 잘 되는 사람이라면 어떨까? 과연 그런 사람도 미라클모닝에 계속 도전해야 하는가 의문이 생긴다.

나를 변화 시키기 위해서는 먼저 나에 대해 알아야 한다. 나는 언제 집중이 잘 되는지, 계획을 먼저 꼼꼼히

세우고 일하는지 아니면 먼저 행동하면서 계획을 그때 변경하는 타입인지, 내가 원하는 것이 뚜렷하게 있는지, 함께 변화를 추구할 사람들이 중요한지, 흔히 접하는 나의 흥미, 강점, 행동 양식뿐 아니라 나의 사소한 패턴이나 취향까지도 알아야 변화가 가능하다.

나를 자극 시키는 것, 나에게 보상이 되는 것, 내가 진정으로 원하는 것을 파악하는 것이 먼저다. 아직 이런 것들에 대해 바로 답 할 수 없다면 지금부터라도 적어보자.

메모지든 다이어리든 생각나는 대로 '나'라는 키워드를 중심으로 적어가면 나를 알게 되고 알게 되면 내가 보이고 나의 변화 방법도 자연스럽게 나오게 될 것이다.

내가 아는 게 다일까?
부모교육

김
희
경

부모교육전문가로서 가족치료와 상담심리를 전공하고, 20
년간 부모와 아이들을 만나 상담과 교육을 진행하고 있습니
다. 어머님들이 지어주신 '마음약사'라는 별명처럼 세상의
많은 사람들의 마음을 치유하고, 한 뼘 성장하는 그 순간에
동행하는 사람이 되고 싶습니다.
banglgom@nate.com

얼마 전 아이가 학교에서 수행평가를 받게 되었다.
수행평가란 학생이 학습 과제를 수행하는 과정이나 결
과를 보고, 그 학생의 지식이나 태도 등에 대해 교사가
판단하는 평가 방식이다. 10개 남짓 되는 플라스틱 컵
을 가지고 일정한 모양으로 쌓았다가, 재빨리 다시 한
줄로 세워 올려 시간을 재는 평가였다.

집에는 전문가용 컵이 있다. 전문가용 컵은 문방구
에 파는 플라스틱 컵과는 여러 측면에서 차이가 있다.
훨씬 매끄럽고, 부드럽다. 컵이 잘 쌓일 수 있도록 표면
처리가 잘 되어 있고, 아래 쪽으로는 바람이 빠질 수 있

게 구멍도 크게 나있다.

반면 학교에서 주는 컵은 문방구에서 취급하는 가격대가 낮은 제품이다. 매끄럽지도 않고 그냥 보기에도 퀄리티가 떨어진다. 당연히 쌓는 느낌부터 다르다. 아이는 집에서 아무리 연습을 해도 막상 학교에서는 잘 안 된다며 투덜거린다. 그래서 문방구용 컵으로 다시 연습을 한다. 안 좋은 것에 익숙해져야 한다고 했다.

과정만 보면, 몇 백점을 줘도 아깝지 않다. 다만 결과만으로 평가 점수가 매겨지니 안타까울 따름이다. 이 과정을 비디오로 찍어 학교에 보내고 싶다는 생각이 들 정도다. 그럼, 당연히 만점이 나올테니까 말이다.

학교에 전문가용 컵을 가져가도 된다고 들었다. 그런데 왜 아이는 굳이 일반 컵으로 쌓는 일에 익숙해져야 할까, 문득 궁금해 물어본 적이 있다. 아이의 단호한 대답에 감탄이 절로 나왔다.

"학교 걸로 더 좋은 기록을 뽑아내면 성취감이 있잖아."

수행평가를 잘 받기 위해서 집에 있는 좋은 컵을 가져가라는 부모 마음과 과제를 수행하면서 성취감을 느끼고 싶은 아이 마음은 달랐다. 부모 입장에선 오로지 좋은 결과만을 중요하다 여기는 것이다. 주어진 환경 속에서 다소 불합리하다 여겨지는 과정마저도 받아들이고 노력하는 아이의 마음은 보지 못한 채 말이다.

부모교육을 하다 보면, 부모도 끊임없이 수행평가를 받는단 생각이 자주 든다. 흔히 문제아에겐 문제 부모가 있다고들 한다. 그래서 자식이 잘못되면 내 잘못 같아서 열심히 주변 이야기에 귀 기울여 가며 가르친다. 아이가 어느 대학에 진학했고, 또 어느 기업에 갔느냐에 따라 부모가 제 역할에 점수가 매겨진다. 오로지 결과만이 중요하다 여겨지는 세상이 안타까울 따름이다.

수행평가와 부모교육

노력하고 애쓰는 과정만 보면 아마 거의 모든 부모들이 수행평가에서 만점을 받을 것이다. 아이를 사랑하는 마음에서 시작된 무수한 노력들이 단지 결과라는 끝에 몰려, 마치 과정마저도 잘못된 것처럼 죄책감을 느끼는 부모들이 많다. 아이가 스스로 성취감을 느끼고자 노력하는 모습은 보지 못하고, 결과만을 위해 좋은 컵을 가져가라고 한 엄마의 기준처럼 말이다.

모든 부모에겐 아이가 잘되길 바라는 마음이 있다. 그 마음을 내가 스스로 뿌듯함으로 받아들인다면, 세상이, 그리고 내 아이가 조금 달라 보일까?

"어느 대학 갔어?", "어느 회사 들어갔어?", "결혼해서 어디 살아?"

결과가 어떻게 되었는지만 묻는 뾰족한 질문들 속에

서 부모들은 끊임없이 수행평가를 받는다. 부모와 자녀 사이에 어떤 이야기와 사연이 있고, 무슨 마음으로 키웠으며, 어떤 상호작용으로 아이가 성장했는지 궁금해하면서, 부모를 바라봐 준다면 얼마나 할 이야기 많을까? 부모가 아이에게 애쓴 마음과 과정을 들여다보면 얼마나 좋을까?

스스로 성취감을 느껴보고 싶었던 아이의 수행평가 과정처럼, 부모도 아이를 키우는 것 자체가 스스로 성장하고 함께 자라는 과정 속에 있다 생각하고 수행평가를 받는다면 아이와의 교류가 얼마나 즐거울까?

잘 하고 싶은 마음에서 출발한 부모 역할이 아이에게도 고스란히 전달되면 좋겠다. 아이에게도 잘 되는 방법으로 통했으면 좋겠다. 그러기 위해서는 아이에게 잘하려고 하는 마음이 제대로 전달되고 있는지, 그래서 지금의 방법이 맞는지를 살펴야 한다. 사방에서 들은 고급 정보도 정작 아이에게 맞지 않으면 단지 아이를 괴롭히는 일이 되고 만다. 아이를 사랑하는 부모 마음이 제대로 전달되지도 않는다.

수행평가를 잘하려면 마음의 준비가 필요하다. 또한 선생님이 그 과목에서 무엇을 보고자 하는지 명확한 기준도 필요하다. 부모 수행평가를 잘 받으려면, 아이를 잘 키우려는 마음의 준비가 필요하고, 아이의 바람을 알아차리는 진정한 소통이 필요하다. 세상에서 말하는 기준이 아무리 좋은 것이어도 내 아이에게 맞지 않으면 소용이 없다. 부모가 아무리 좋은 마음이어도 말이다.

수행평가는 결과도 중요하지만, 과정도 중요하다. 아이의 성취감의 과정이 부모의 눈에 만점이었던 것처럼, 부모 스스로 아이를 행복하게 하는 소통 속에서의 과정이 결과보다 더 만점이라는 것을 스스로 알고 즐기기를 당부해 본다.

AI(인공지능) 시대를
이끌어가는
아이로 키우려면

설원

유아교육 전문가로서 유아들이 자존감 높은 창의융합 인재로 성장하도록 돕고 있다. 신체적, 정신적, 지적, 영적, 균형을 위한 긍정적 마인드셋을 구축하고 유지, 코칭 하며 자존감 높은 삶의 가치를 서비스하는 라이프밸런스 전문가이다.

seolone1@hanmail.net

실리콘밸리는 미국의 캘리포니아주에 있는 첨단기술 연구단지다. 실리콘 소재가 많이 쓰이는 반도체 기업들이 몰려 붙여진 이름으로, 세계적인 반도체 회사인 인텔의 고향이기도 하다. 국내기업으로는 삼성과 엘지를 비롯해 이십여 개의 군소업체가 진출해있다.

이런 최첨단 기술이 집약된 지역에 위치한, 심지어 사립학교는 대체 어떤 교육을 할까? 뉴욕타임스는 인공지능의 메카 실리콘밸리에서도 가장 유명한 <페닌슐라> 사립학교를 취재했다. 대단히 흥미로운 사실은 이 학교는 IT 기기가 단 한 대도 없을 뿐만 아니라, 학생들은 인터넷 사용법도 잘 몰랐다. 컴퓨터가 발명되기 이전처럼 교사는 칠판 앞에서 분필을 들고 가르치고 있었고, 아이들은 종이책과 종이 노트로 공부하고 있었다. 교실에는 찰흙, 인형 놀잇감, 나무로 만든 장난감, 바느질 도구 등 자연물이 가득했고 책장에는 브리태니커 백과사전 전집이 꽂혀 있었다.

공감능력이 얼마나 중요한지

실리콘밸리의 사립학교는 인공지능 시대에 이런 '다른' 교육을 택한 이유는 단순하다. 자기 자신에게 집중하고, 다른 사람들과 관계를 맺는 일에 집중하게 하기 위해서다. AI(인공지능) 시대 기계에 대치되지 않으려면 공감능력이 얼마나 중요한지 일찍이 깨달았기 때문일 것이다. 그리고 밖에 있는 컴퓨터를 다루기 전에 내 안의 컴퓨터(창조적 두뇌)를 다루는 법을 배우게 하기 위해서다. 디지털 기기가 전혀 없는 이 학교는 자기 내면의 힘을 조절할 줄 아는 능력뿐만 아니라, 스스로 놀이를 발견하고 창조함으로 아이들의 내면에 있는 예술성을 키워줄 수 있다. 그것은 창조적 상상력으로 연결된다.

그러나 우리 대한민국의 현실은 어떠한가? 인공지능 시대라는 미명 아래 많은 아이들이 디지털 문화와 스마트폰에 쉽게 중독된 채 살아가고 있다. 생각하고 느끼기보다는 끊임없이 시각을 자극하는 영상물 속에 노출되어 있다. 그 결과 아이들은 공감하고 창조하고 상상하는 능력보다는, 주어진 놀잇감에 생각 없이 길 들여져 가고 있다.

　어쩌면 우리 아이들은 방심하고 있는 사이 인공지능의 노예가 되는 길을 성실하게 걸어가고 있는 것은 아닐까? 최첨단 IT 기반의 새로운 활동에 더욱 귀가 솔깃해지며, '아이의 행복'보다 '어른의 욕심'이 우선시 되어 있지는 않은가? 어릴 때부터 끊임없이 요구되는 '해야 한다', '무엇이 되어야 한다'의 압박에 갇혀있지는 않는가? 우리의 교육이 강요가 아닌 '진정한 나 자신'으로 자랄 수 있도록 하기 위해서는, '해야 한다' 보다는 '할 수 있어'로 바꿔어야 할 것이다.

　스티브 잡스(Steve Jobs)가 죽기 전까지 자신의 열정을 쏟아부은 인공지능! 그 시대가 도래했고, 지금의 유아들이 성인이 되었을 때는 지금과는 전혀 다른 세상 속에서 살아갈 것이다. 어떻게 하면 인공지능 시대에 생각없이 이끌려가는 삶이 아니라, 인공지능 시대를 이끌어가는 주도적인 삶을 살 수 있을까?

　다른 사람과 다르게 생각하는 힘! 이 능력은 절대로 기계가 키워줄 수 없다. 자연 속에서, 친구와 함께 울고 웃는 놀이 속에서, 다양한 의견이 존중되는 토론 문화 속에서, 예술 활동을 통해서 아이들의 공감 능력과 창조적 상상력은 자란다. 상상하고 새롭게 창작하고, 서로 공유하며, 다시 새로운 생각을 이끌어내고 하는 과정을 통해 기쁨을 발견하고 내면에 간직한다.

자신의 내면에 아이의 즐거움이 여전히 살아 숨 쉬고 있는 사람은 인공지능에게 대체될 수 없다. 인공지능이 어떻게 유년시절의 놀이 속 기쁨을 누렸던 그 아이의 행복을 지닐 수 있겠는가? 새로운 시대는 기계처럼 사는 인간의 시대가 아니라, 가장 인간답게 사는 인간의 시대다. 스스로 즐겁게 하는 다양한 활동과 놀이속에서 이 세상 유일무이한 존재라는 자존감과 함께, 공감 능력과 창조적 상상력을 키워나갈 때, AI 시대에 이끌려가는 존재가 아닌, 주도적으로 이끌어가는 존재로 자랄 수 있을 것이다.

블록체인에서
가상화폐를 거쳐
메타버스까지

염
선
빈

떠오르는 가상화폐의 전문적인 컨설팅을 진행하며, 대다수의
사람들은 코인에 대해 잘 알지 못하기 때문에 지식이 부족하거
나 궁금한 부분들을 채워드리고 세심한 노력을 통해 대한민국
가상화폐 시장의 전문가로 자리매김 하고 싶습니다.
duatjsqls97@naver.com

사토시 나카모토는 일찍이 2007년 글로벌 금융위기
사태를 통해 중앙집권화된 금융 시스템의 위험성을 깨
달았다. 그래서 만들어진 것이 개인 간 거래가 가능한
'블록체인' 기술이다. 그로부터 2년 뒤 이를 기반으로
만들어진 암호화폐 '비트코인'이 등장한다.

무려 10년도 넘은 이야기지만 이후 암호화폐는 대중
들의 관심에서 잠시 물러났다가 최근 몇 년 사이 엄청
난 주목을 받고 있다. 오죽하면 빚까지 내서 투자한다
는 '빚투'라는 용어까지 등장했다. 주식이나 부동산과
같은 전통적인 투자처가 아닌 '가상'이라는 이 새로운

개념에 반응을 보인 것은 2030세대들이다. 화폐에 대한 새로운 흐름을 읽었기 때문이다.

가상. 사실이 아니거나 사실 여부가 분명하지 않은 것을 사실이라고 가정하여 생각한다는 뜻이다. 존재하지 않는 것에 대한 존재. 진짜 화폐가 아닌, 말 그대로 '가상의 화폐'에 대해 이해하기 위해 과거로 돌아가 보자.

누구나 변화는 두렵지만 결국 변화에 적응해나간다

올해 강력했던 키워드에 가상화폐를 빼놓을 수 없다. 비트코인이 급격한 상승세를 나타내며 투자시장에 뜨거운 열풍이 불었기 때문이다. 이로 인해 많은 투자자들이 몰렸고, 이른바 '빚투'라고 해서 빚을 내면서까지 투자를 하기에 이르렀다. 특히 2030 세대가 막대한 자금을 코인 시장에 유입시킨 장본인이다. 코인 시장에 대한 뜨거운 관심은 바로 '화폐'에 대한 시대의 새로운 흐름 때문이다. 더 먼 과거로 돌아가 보자.

인류는 물물교환을 시작으로 금, 지폐를 거쳐 가상화폐까지 거래 수단을 변화시켜왔다. 물물교환을 하던 원시인들은 먹을 수 없는 돌덩이라는 '금'이 거래 수단으로 떠올랐을 때 이 사실이 믿어지지도 반갑지도 않아 했다. 오히려 불안했을 뿐. 하지만 어느새 두려움은

잊고 금이 하나의 거래 수단으로 깊은 자리매김을 했다. 금을 거쳐 '가지고 다니기 편한 가벼운 종이' 바로 지폐가 등장했고 이때에도 인간은 불신했지만 차츰 변화를 받아들였다.

피할 수 없다

화폐의 변화도 두려웠지만 산업에 대한 변화 역시 두렵긴 마찬가지였다. 과거 2차산업 때 도입된 여러 기계들로 인해 실업자들이 어마어마하게 쏟아졌다. 오늘날에는 AI를 통한 자동화, 무인화 역시 마찬가지로 일자리를 무서운 속도로 빼앗고 있다.

가상화폐 또한 그렇다. 가상화폐는 블록체인 기술을 기반으로 거래가 이루어지는데 보안에 매우 뛰어나며 데이터를 안전하게 기록하고 저장할 수 있다. 은행, 신용카드 회사 같은 중개자와 제3자를 차단하여 전체 비용과 거래 수수료 또한 줄이는 것이 블록체인의 큰 강점이다.

이러한 이유로 인해 인간이 설 자리가 위협 받는다. 과거를 돌아보면서 검증된 사실은 '피할 수 없다'이다. 4차 산업혁명의 AI 역시 빅데이터로부터 패턴을 발견하거나 일을 매우 정확하고 빠른 속도로 처리하는데 인간보다 월등하다.

가상화폐와 함께 가상세계도 이슈다. 가상을 의미하는 'Meta'에 세계를 뜻하는 'Universe'를 합해 메타버스(metaverse)라 부른다.

이 가상 세계에서 우리는 아바타로 다양한 활동을 한다. 가상의 공간에 건물을 짓고 파티를 하고 물건을 거래하고 강의를 듣고 세미나에 참가하기도 한다. 특히 코로나19로 인한 재택근무, 화상회의 및 화상 강의가 일반화되면서 탄력을 받는 형국이다. 각종 센서, 가상현실, 증강현실 관련 기술 등 더욱더 발전하는 과학기술로 인해 현실감은 점차 높아지고 있다. 많은 사람들의 관심이 이어지면서 메타버스 서비스를 실시하는 기업들이 급증하는 추세이다. 동시에 가상현실에서 결제 시스템은 가상화폐로 이루어지고 있는데 가상현실과 가상화폐는 비례 상승할 것으로 보인다.

이렇게 시대의 흐름이 가상현실에서 땅을 사고팔고 물건을 거래하는 세상이 코앞까지 도달했다. 그리고 이 신기한 가상현실 세계를 과연 누가 유지시켜 주고 있는지 우리는 한번 생각해 봐야 한다.

거대한 네트워크망으로 이어져 빅데이터를 분석하며 기록을 하고 유지를 시키고 있는 것인데 개개인의 거래들을 사람들이 전부 기록을 하지는 않을 것이다.

이 가상세계는 AI 인공지능이 붙어서 유지를 해주고 있는데 이렇게 수많은 일들이 동시다발적으로 일어나는데도 불구하고 AI 인공지능은 오차 없이 모든 것을 기록한다.

상생하고 공존해라

인공지능은 인간에게 매우 큰 편리함을 주지만 동시에 위협적이기도 하다. 인공지능에 대체되지 않으려면 변화를 수용하고 대응해 나가야 한다. 이러한 변화는 과거에 머물러 있는 인간에게 더 위협적이다.

인공지능을 알고 배워서 나만의 특별함과 결합시킨다면 더이상 인공지능은 위협적인 존재가 아니라 나와 함께 하는 파트너가 될 수 있다. 그렇다면 나만의 특별함이라는 것은 무엇일까?

이지성 작가는 저서 <에이트>에서 이렇게 말한다. 인공지능이 가진 약점을 이용해 나의 장점을 부각시켜야 한다고.

인간이 더 인간다워질 때, 내가 가진 인간의 맛을 보여줄 때 우리는 인공지능에게 지배당하지 않을 것이다. 필자가 코인 트레이더로 활동하면서 수많은 봇 인공지능 프로그램을 봐왔다. 정말 말도 안 되는 속도로 기사를 읽어 파악하고, 기술적인 지표를 이용해 상승

구간과 하락 구간을 파악하며 자동으로 매매를 해주는 프로그램들이었다.

하지만 막상 수익률 대결을 해보면 왜인지 대부분 인간의 승리였다. 의외의 결과라 할지 모르겠지만 이유는 간단하다. 인공지능은 짜인 틀과 스토리가 있는 기사를 분석하고, 정해져있는 데이터를 기반으로만 분석하기 때문이다. 차트는 인간의 심리가 크게 작용해서 만들어지기 때문에 아직까지 인간의 심리는 읽기 어렵다. 그렇다면 인공지능 프로그램이 가진 어마어마하게 빠른 속도의 데이터 분석 능력과 나의 트레이딩 기술 즉, 인간의 심리를 판단하여 매매하는 것을 융합한다면 어떨까? 더욱 수익률이 높은 트레이더가 될 것이며 인공지능에게 지배가 되는 것이 아닌 인공지능과 상생하고 공존할 수 있게 될 것이다.

변화를 받아들일 준비가 되었는가?

세상은 너무나도 빠르게 변하고 있는데 나는 과연 준비가 되었는지 고민할 때가 있다. 이 빠른 변화들을 받아들일 수 있을까? 세상은 계속해서 변화하는데.

세상은 나에게 맞춰서 돌아가는 것이 아니라 변화하는 세상에 내가 맞추어 가는 것이다. 그렇다면 바뀌어야 하는 것은 세상이 아니라 내가 되는 것. 내가 바뀌지 않으면 과거에 보기만 하던 실업자가 현재의 내가 될 수 있다. 항상 스스로에게 되물어야 한다.

나는 변화를 받아들일 준비가 되었는가?

1월의
두 얼굴

윤지숙

아이들에게 놀 권리를 보장하며 학습의장을 만들어주는 영어피트니스 플랫폼 랭핏 대표. 장차 아이들이 취업하고 싶은 놀이터 같은 기업으로 랭핏을 만드는게 꿈인 슈퍼스타 캐서린 윤지숙! 랭핏에서는 꿈을 꾸면 이루어집니다

langfitor@naver.com

1월을 의미하는 영단어 'January'는 야누스라는 신의 이름에서 왔다. 야누스(Janus)는 문간, 돌쩌귀의 신이며 로마의 태평 연월을 호령했던 신이다. 그래서 가장 위엄 있는 신이다. 가장 추운 계절인 동지를 지나면 새로운 한 해의 시작이 되는 1월이 오듯, January의 어원이 되는 야누스는 문을 여는 자이자 변화, 전환을 상징하며 모든 사물과 계절의 시초를 의미한다. 신들 중에서도 특히 야누스는 두 얼굴을 가진 신으로도 유명하다. '야누스의 얼굴' 하면 우리는 흔히 부정적인 면을 떠올리지만 알고 보면 야누스의 두 얼굴은 위선적인 이중

성만을 의미하진 않는다.

야누스라는 신의 이름

　'January' 1월은 설레임으로 가득한 1년의 첫 달이지만, 작심(作心)의 시기이기도 하다. 누구나 1월엔 뭔가 특별한 시작을 하고 싶어 한다. '첫 단추를 잘 끼워야 한다'는 표현처럼 한해의 첫 단추를 잘 끼우기 위해 우리는 수많은 작심(作心)을 한다. 그래서 1월은 분주하다.

　1월에 헬스장을 가보면 사람으로 가득한 런닝 머신을 볼 수 있다. 12월 31일과 1월 1일은 어쩌면 같은 시간의 연장선임에도 작심(作心)은 약속이나 한 것처럼 1월 1일이다. 그리고 작심삼일이라는 사자성어를 증명이라도 하듯 희망으로 시작된 결심이 대부분 미(未) 성공으로 마무리 된다.

　바늘과 실처럼 작심(作心)과 미(未) 성공은 사실 아주 오랜 기간 동전의 양면처럼 공존해 왔다. 1월의 신 야누스 뿐 만 아니라 1월의 작심도 야누스처럼 양면성을 가진다. 기대감으로 가득했던 첫 출근의 가발걸음, 첫 월급의 희열, 새해 첫 날의 다이어트 결심, 이따금씩 기억나는 첫 사랑의 애틋함, 이 모든 순간들도 두 얼굴을 가진다. 첫 출근의 설레임이 이직의 유혹으로, 다이어트의 결심은 이내 폭식으로, 첫 월급의 희열은 과소비로

이어진다. 첫 결심이 무사히 성공으로 마무리 되는 순간보다 그렇지 못한 순간들이 더 많다. 오히려 처음이 이중적인 마무리를 가지고 오는 것이 더 자연스러운 일 일지도 모른다.

야누스의 두 얼굴

대 도시는 성으로 들어오는 성문과 집의 문 등 두 개의 문이 있었는데 이 두개의 문을 지키기 위하여 야누스는 머리는 하나지만 얼굴은 둘이다. 무서운 얼굴은 들어오는 사람은 검문하고 또 다른 선한 다른 얼굴은 집을 떠나가는 사람들에게 따뜻한 작별 인사를 하기 위함이다. 야누스 두 얼굴은 집의 앞문과 뒷문, 모두를 보는 관점으로 균형 잡힌 조화를 상징 하고 있다. 앞에서는 단호하게 다그치지만 뒤돌아서 따뜻한 말을 건네주었던 호랑이 선생님의 따뜻함이 담겨있다.

야누스의 두 얼굴은 상반되는 상황을 조율하기 위한 중용의 장치 일지도 모른다. 상황을 잘 리드하기 미덕일지도 모른다. 그렇기에 언제나 실패로 돌아가는 우리들의 작심도 또 다른 작심을 하기 위해 반드시 있어야 하는 존재다.

작심은 새로운 계획의 시작점, 실패는 또 다른 계획의 시작점이라는 점에서 같은 맥락이다. 관점을 달리

하면 실패는 단순한 실패가 아니다. 결승선을 향 해 달리는 마라토너는 겨우 내내 땅속에 숨었다 이제 막 세상에 첫인사를 한 봄꽃을 볼 수 없고, 아장아장 아가걸음은 자동차의 등장을 알 수 없다. 하늘의 날아가는 비행기가 어찌 개미의 열정어린 행진을 느낄 수 있겠는가? 관점이 어디인지에 따라 결과가 달라진다. 실패를 다음 결심을 위한 미 성공으로 보는 관점이 필요하다.

스티브 잡스는 2015년 스탠포드 대학 졸업식 연설문에서 'connecting the dots'이라는 메시지를 전했다. 앞날을 내다 보고 미래의 점을 찍을 수는 없지만, 오늘 찍는 점이 미래에 어떤식으로 든지 연결 되는 것을 믿어야 한다. 작심의 순간은 미 성공을 부르는 하나의 점이며, 미성공의 점은 또 다른 작심을 알리는 알람 소리이다.

이렇게 하루 하루 반복된 관점의 성장으로 나다움의 여정이 만들어진다. 한해의 작심이 12월에 마무리 되는 것이 아니라 1월에 마무리 될 수 있다는 여유로움으로, 8월 뜨거운 태양하래 작심을 해보는 호기로움으로 매일 매일 점들을 채워 보자.

오늘의 점을 만들고, 점을 고르고, 점을 찍어서 선을 만들어 보자.

철밥통과
4차산업혁명

이
정
임

인천 교육청 일반행정직 공무원. 공무원의 시야 밖에서 좀 더
나은 미래를 만드는데 힘을 보태는 사람이고자 합니다.
imjeong1987@naver.com

2020년 9월, '철밥통의 세계'에 입성했다. 철밥통! 부
딪치거나 떨어져도 깨질 염려가 없는 철로 만든 밥통.
안정적이며 해고될 염려가 없는 집단. 비록 보상이 크
진 않지만, 휴직과 복직이 비교적 자유로운 집단. 법적
으로 권리를 확실히 보호받는 집단. 바로 공무원 조직
을 이르는 말이다. 대중이 생각하는 공무원의 이미지
를 떠올린다면, 이 철밥통만큼 적확한 별명이 또 있을
까. 그러나 과연 철밥통은 앞으로도 계속 철밥통일 수
있을까?

입성 한 달 후인 2020년 10월. 행안부에서는 연세대 산학협력단 연구보고서를 통해 <미래 신기술 도입에 따른 정부 인력 운용 방안>을 발표했다. 보고서에 따르면, 인공지능의 도입으로 전체 공무원 인력의 25%에 해당하는 인원을 줄일 수 있다. 특히 서무, 민원, 회계 분야 대체율은 순위권에 있다.

하필 내가 조직에서 택한 바로 그 직렬이었다. 그럼에도 불구하고 막상 일을 시작해보니 '정말 그런 시기가 빨리 올까'하는 의구심이 들었다. 공공기관의 특성상 그렇게 빠른 변화가 이루어지지 않으리라는 막연한 확신. 게다가 일이 늘면 늘었지, 줄지는 않을 거라는 나름의 믿음이 있었기 때문이었다. 이런 이야기를 화제로 올려도, 정작 조직 내에서는 대수롭잖게 생각하는 분위기도 한몫했다.

하지만 기대와 달리 변화는 이미 시작되고 있었다. 집에서 아무 생각 없이 냉난방 등을 자동으로 끄고 켜는 스마트홈 같은 사물인터넷을 시작으로, 청소기와 스피커, 심지어 자동차까지 인공지능을 탑재하여 '인간의 편의'라는 명목하에 입지를 굳혀가고 있다.

인공지능이 상상도 못 할 속도로 축적한 데이터는 더 고도로 발달한 서비스를 제공하기 위한 학습 재료로 사용된다. 오토 파일럿 기능은 끼어드는 앞차와의 간격을 유지하며 주행 속도를 조절하고, 인공지능 스피커는 사용자의 취향과 패턴을 분석하여 특정 시간이 되면 선호할만한 음악을 재생하고 새로운 장르를 추천해주기도 한다.

이미 삶의 곳곳에 인공지능은 포진해 있다. 공직 사회라고 달라지지 않는다는 법이 어디 있겠는가. 이미 정부에서도 인공지능이 인간을 충분히 대체할 수 있음을 인지하고 있다. '인간의 편의'는 곧 '국민의 편의'로 직결된다. 공무원들처럼 점심시간을 갖거나, 퇴근을 하지 않는다. 아프거나 각종 경조사와 개인 일정으로 자리를 비우는 일도 없고, 하물며 급여가 적다고 불만을 드러내지도 않는다. 사람이기에 일어날 수 있는 실수를 염두에 둘 필요도 없다. 이 모든 것이 인공지능의 특징이다. 인공지능은 인간보다 훨씬 신속하고 정확하다. 비용 측면에서도 비교가 불가하다.

심지어 AI는 모델의 영역까지 진출했다. 신한생명은 AI 모델 '로지'를 전면에 내세웠다. 금융회사로써 가장 중요한 가치인 신뢰도 측면에서 가상 인간보다 뛰어난 대안이 없다고 판단했기 때문이다. AI 모델은 기존 모델보다 비용도 적게 들며, 사회적 물의를 일으키거나 브랜드 가치를 훼손할만한 행위를 할 염려가 없으니 말이다.

철밥통은 모두 사라지게 될까?

그렇다면 기존의 모든 회계, 민원, 서무직 공무원은 사라지게 될까? 그렇진 않을 것이다. 물론, 기존의 반복적인 행정 업무와 고정된 회계 업무는 인공지능이 대체할 확률이 높다. 적어도 70% 이상은 인공지능이 인간이 기존에 하던 일을 가져갈 것이다. 빼앗기는 70%보다는 남겨진 30%에 대해 집중해보자.

예를 들어, 코로나 같은 유행병이 발병했을 때를 대비한 예산 등은 인공지능이 예측하고 편성할 수 있겠지만, 구체적으로 어떤 어려움을 겪는 대상들이 있는지, 그들에게 무엇을 어떤 방법으로 지원할 것인지에 대한 고민과 해결 방안을 생각하는 것은 인간 고유의 능력이다.

로봇을 통해 민원 업무를 접수하고 처리할 수는 있지만, 민원인이 가지고 있는 의문이나 절차적 어려움은 인간 공무원만이 공감하고 헤아릴 수 있는 일이다. 또, 학교 시설물 등의 안전 점검과 유지 보수는 인공지능의 판단으로 진행될지라도, 더 많은 지역 주민과 학생들을 위한 학교 시설물 개방과 활용에 대한 고민 역시 '살아있는' 공무원의 역할이다.

본격적으로 인공지능과 공존하는 삶을 당연하게 받아들이는 시대가 도래하면, 분명 공무원은 줄어들게 될 것이다. 인공지능이 압도적 효율성을 무기로 인간을 대체할 수 있는 일들이 대부분이기 때문이다. 다만 인간이 인간으로서 공감할 수 있는 부분, 인간이기 때문에 함께 고민할 수 있는 부분에서만큼은 인공지능이 인간을 대체할 수 없다. 그 30%의 영역이 앞으로 4차산업혁명을 맞이하며 공무원으로서 준비해야 하는 필수 역량이다. 그럼 어떻게 준비해야 할까?

불안전함 인정하기

먼저 인정하는 것부터 시작해야 한다. 공무원이지만 정년을 보장받지 못할 수 있다는 불편한 사실의 인정. 종전과 다른 업무 처리 방식이 대세가 되고, 그 흐름에 편승하지 못하면 도태됨에 대한 인정. 그 대상이 본인이 될 수 있음에 대한 인정.

대부분이 그렇듯 안이한 마음으로 맞이하지 말고, 진심으로 이 불편하고도 새로운 사실을 찾아보고, 인정해야 한다. 공무원은 더는 정년을 보장받을 수 있는 집단이 아니고, 수년 내 인간보다 더 효율적인 인공지능으로 대체된다는 사실 말이다. 그러면 당신이 이 일을 대하는 마음가짐이 달라질 것이고, 태도가 달라질 것이며, 보이는 것들이 달라질 것이다. 그리고 결국, 앞으로 무엇을 고민하고 준비해야 할지 보일 것이다.

당신에게 지금 한 가지 질문을 던져본다. 지금 반나절을 소요해야 해결할 수 있는 일이, 3년 뒤엔 1분 만에 완벽하게 처리할 수 있는 인공지능으로 대체된다. 그때 당신이 이 조직에서 무언가를 하고, 조직이 필요로 하는 사람으로 남아있고자 한다면 무엇을 준비해야 할 것인가.

미래 산업 속
블록체인

장
우
현

블록체인 비즈니스 모델과 서비스 기획 컨설팅, 커뮤니티 마케팅을 하고 있습니다. 디지털 시대의 갈림길에서 블록체인을 활용한 비즈니스로 클라이언트의 니즈 충족을 위해 노력하고 있습니다.

shoocrim@gmail.com

비트코인을 비롯한 암호화폐 열풍이 전 세계를 뜨겁게 강타하면서 블록체인 기술에 많은 관심이 집중되었다. 전 세계 여러 나라에서 블록체인을 기반으로 백신 여권이 논의되고, 디지털 콘텐츠에 블록체인이 적용되어 거래되고 있으며, 블록체인이 적용된 금융 서비스인 디파이가 등장하는 등 우리의 실생활에 영향을 미칠 만한 서비스들이 선보이고 있다.

블록체인은 거래 정보 등의 데이터가 담긴 블록이 체인처럼 순차적으로 연결된 원장을 말한다. 한번 기록된 정보는 변경할 수 없고, 해킹이나 위조가 불가능한데, 여러 참여자가 동일한 블록체인을 보유하고 있어서 서로 간의 원장을 대조하는 것으로 쉽게 보안을 유지할 수 있다.

블록체인은 '퍼블릭 블록체인'과 '프라이빗 블록체인'으로 나뉜다. 최근 이슈가 되고 있는 암호화폐는 퍼블릭 블록체인 기술을 기반으로 하고 있다. 퍼블릭 블록체인은 누구나 접근할 수 있는 오픈 네트워크로 누구나 공유 가능하고 모든 참여자에 의해 운영된다.

반면 프라이빗 블록체인 기술은 대부분의 기업들에게 선호되는 시스템이며, 모든 거래 정보와 관리 접근이 제한적으로 참여 가능한 폐쇄적인 시스템이다.

블록체인으로 나타나는 큰 변화 중 하나는 거래의 개념을 재 정립되고 있다는 것이다. 현시대에서 이뤄지는 대부분의 거래는 중개자를 통해 진행된다. 온-오프라인 쇼핑에서는 상품의 신용거래는 카드사가, 부동산 매매를 위한 임대인과 임차인의 거래는 공인중개사가, 해외송금을 위한 외환거래는 은행이 거래를 중개한다. 중개자들은 거래하는 상대방의 신원과 상품을 보증하는 역할을 하는데, 그 결과로 안전하고 효율적인 거래가 가능해졌지만, 수수료라는 거래 비용이 발생하였다.

블록체인은 중개자라는 신뢰의 역할을 대체할 수 있다. 위조가 불가능한 원장 기반의 데이터로 거래를 중개하는 것이다. 이는 중개 수수료로 인한 거래 비용을 제거하거나 최소화 할 수 있다는 의미가 되는 것이다.

변해가는 블록체인 비즈니스의 인식

세계경제포럼과 글로벌 IT 기업 시스코는 각각 2025년과 2027년이 되면 전 세계 GDP의 10%가 블록체인에서 발생할 것으로 전망하고 있다. 다양한 시장조사 업체들도 블록체인 산업 분야가 성장하고, 이를 토대로 새로운 비즈니스 생태계가 조성될 것이라고 예측하고 있다. 주요 국가의 정부에서도 블록체인 트렌드에 발맞춰 블록체인 산업을 육성하기 위한 시도를 이어가고 있다.

이 변화에 가장 적극적인 국가는 중국이다. 암호화폐를 엄격히 규제하는 중국조차도 블록체인 기술만큼은 적극적으로 지원하는 기조를 내세우고 있다. 다양한 육성책을 시행하며, 지방 정부별로 블록체인 발전정책을 발표하고 연구소까지 설립하고 있다. 또한, 2009년

~2018년 기간의 블록체인 특허 중 64%가 중국에서 출원되며 1위로 집계되었다고 지식재산 DB 운영업체 아스타뮤제는 발표했다. 이는 동 기간 내 미국 특허 출원수의 3배에 달하는 수치다.

반면 일본은 암호화폐 자체를 활성화하기 위한 정책들을 시행하고 있다, 2016년 자금결제법을 개정하면서 암호화폐를 공식 결제수단으로 인정했다. 일본은 우리나라(10%)와 중국(40%)의 현금사용률 대비 비정상적인 수치로 약 70%에 달한다. 이런 현상을 타개하기 위한 방법의 하나로 암호화폐를 선택한 것이다. 특히 코로나 19 이후 손으로 전달되는 현금에 대한 불안감이 높아지는 현상은 비현금 결제방식의 점유율을 상승시키고 암호화폐 결제 보급에도 영향을 미칠 것으로 보인다.

우리나라에서는 ICO(가상화폐공개) 전면금지를 발표 후, 금융위 등 정부의 암호화폐에 대한 부정적인 시각을 유치한 채, 과학기술정보통신부 주관 블록체인 산업을 육성하기 위한 시범사업들을 진행하고 있다. 올해는 전년 대비 531억 원의 예산을 투입하여 블록체인 산업을 육성하고 있다. 그동안 시범사업으로 우수한 성과를 얻었고, 도입 시 파급력이 높을 것으로 판단되는 사회복지, 투표, 신재생에너지, 우정 고객 관리, 기부 등에 대한 확산 사업을 진행하고, 새로운 시범사업도 추진하고 있다.

한편 국내 기업들도 블록체인을 기반으로 한 서비스를 선보이고 있다. 삼성전자는 휴대전화 단말기에 블록체인 월렛을 탑재하기 시작했고, 카카오는 자회사 그라운드 X를 통해 블록체인 메인 넷 "클레이튼"을 발행하여 다양한 파트너사들과 블록체인 기반 서비스들을 출시하고 있다. 또한, 삼성 SDS, SK C&C, LG CNS는 각자 개발한 블록체인 플렛폼을 바탕으로 정부 시범사업은 물론 서비스 상용화에 박차를 가하고 있다.

변해가는 미래산업 속 블록체인

앞으로의 변화 양상은 거꾸로 과거에서 힌트를 얻을 수 있다. 블록체인이 가져올 변화와 영향력에 대한 전망 역시 인터넷 시대를 거슬러 올라가다 보면 답이 보인다. 1990년대 후반 인터넷은 일반인들이 사용 할수 있도록 오픈되었다.

당시 인터넷은 단순히 이메일을 주고 받고, 채팅을 할 수 있는 용도가 전부였다. 그러나 곧바로 인터넷은 사람들의 삶의 방식을 바꾸어 갔고, 현재 인터넷이 우리 삶 속에 녹아들어, 인터넷과 모바일이 결합하여 현재는 인터넷이 없이는 1시간도 지낼 수 없는 것이 현실이다. 모든 상업 영역에서도 인터넷을 받아들이지 않은 기업은 사라졌고, 적극적으로 활용한 기업은 세계

제일의 기업으로 부상하였다.

그렇다면 블록체인은 앞으로 어떻게 될 것인가? 인터넷 초창기 시절 채팅과 이메일을 주고받기가 전부였던 것처럼 블록체인의 실질적인 사용과 용도는 제한적이다. 하지만 앞으로 개발되어 우리 삶에 적용될 영역에는 제한이 없다. 의료, 물류, 공공, 에너지 등 모든 산업 영역과 결합하여 투명성, 신뢰성, 보안성, 효율성을 높이는 수단으로써 사용될 것이다. 과거 인터넷과 모바일이 그랬듯이 4차 산업혁명 시대의 새로운 인프라가 되어, 블록체인 없이는 살 수 없는 세상이 될 것이다.

또한 4차 산업과 기업은 인터넷 버블들 속에서 혹독한 무한 경쟁의 약육강식의 시절을 거쳐 살아남은 기업들이 전 세계 경제를 좌지우지하는 기업으로 성장하였던 것처럼, 현재 블록체인 스타트업 전문 기업들 역시 무한 경쟁의 시절을 넘긴다면 제2의 구글 또는 카카오나 네이버가 될 날도 머지않은 미래가 될 것이다.

코로나 이후
학교 교육이 나가야 할
방향

장
윤
정

교육을 통해 뿌리깊은 나무를 키워내겠습니다. 울창하고 큰 숲
이 이뤄지기 위해서는 한그루의 건강한 나무부터 시작합니다.
단 한명의 교육생도 소홀히 하지 않고 교육을 통해 변화하고 성
공적인 삶을 살 수 있도록 돕겠습니다.
biy77@hanmail.net

2012년 개봉한 송중기, 박보영 주연의 <늑대소년>은 캐릭터를 이보다 더 잘 소화할 수 없다는 찬사를 받으며 흥행한 영화이다. 극 중 '늑대소년'으로 등장하는 송중기는 인간 세상과 떨어져 고립된 생활을 한다. 그러던 중 처음으로 주인공 소녀의 가족 앞에 모습을 드러낸다. 사람임에는 분명하지만 사람 같지 않은 모습. 헝클어진 머리, 찢어지고 더러운 옷, 공격적인 눈빛, 인간 언어를 통한 소통 불가. 쉽게 다가갈 수 없는 날것의 모습 그대로였다.

그럼에도 소녀의 가족은 그에게 마음의 문을 열고 다

가간다. 그를 가족으로 받아들인 것이다. 말 한마디 못하는, 짐승에 가까운 소년에게 세상을 살아가는 방법을 통해 우리 사회의 일원, 소통하는 존재로 만들어준 것이다.

교육이란 무엇인가

교육이란 우리의 삶을 유지하고 변화시키는 근본적인 요소다. 도덕적이고 인격적인 면을 중시했던 칸트(Kant, I.)는 교육에 대해 '인간을 인간답게 형성하는 작용'이라 정의 내렸다. 문화와 지식적인 면에 치중한 슈프랑거(Spranger, E.)는 비교적 성숙한 사람이 미숙한 사람을 자연의 상태에서 이상의 상태로 끌어올리기 위해 문화재를 통하여 유의적(有意的)·구체적·계속적으로 주는 문화작용으로 보아 문화의 번식, 즉 전달과 경신이 교육이라고 하였다. 학자들마다 교육의 정의가 모두 다르지만, 공통점은 교육은 인간의 사회화 과정이라는 것이다.

시대가 원하는 인재상을 만들어 가는 과정. 그 과정을 통해 사회와 소통하는 존재로 만드는 것이 바로 교육이다.

학업 성취도가 의미하는 것

PISA(학업성취도 국제비교연구)란 각국 교육정책 수립의 기초자료를 제공하기 위한 프로그램이다. 의무교육이 종료되는 시점인 만 15세 학생을 대상으로 문해력을 비롯해 수학, 과학 능력을 평가한다. OECD에서 주관하며 2000년부터 3년 주기로 치뤄진다.

2003년 첫 평가에서 한국은 종합 2위를 차지했다. 스웨덴은 10위였다. 가장 최근 발표된 2018년도 결과를 보면 한국은 종합 9위로 첫 평가보다는 순위가 하락했다. 하지만 여전히 상위권을 차지하고 있다. 2018년 결과 스웨덴은 12위였다.

PISA의 결과로 보면 대한민국의 교육 수준은 매우 높다. 그러나 좋은 결과에도 불구하고 한국의 교육을 비판적인 시각으로 바라보는 것이 대부분이다. 왜일까? PISA가 처음 실시되었던 2003년에도, 최근 결과인 2018년에도 스웨덴의 종합성적은 우리보다 낮다. 그럼에도 최근 tvn <수업을 바꿔라>라는 프로그램을 통해 스웨덴의 교육을 재조명하고 있다. 교육이란 지식을 외우는 것이 전부가 아닌 참여를 통한 경험이 진짜 교육이기 때문이다.

대한민국 교육, 어디로 가고 있는가?

AI라는 단어는 이제 우리에게 익숙하다. 20년 전 'A.I.'라는 영화가 나왔을 때만 해도 설마 저런 일이 현실이 될까 싶었다. 그런데 불과 20년 만에 우리가 하는 많은 일을 AI가 대체하고 있다.

그렇다면 AI에 대체되지 않기 위해 우리는 지금 어떤 교육을 하고 있는가? 우리나라의 학교 교육은 1960년대의 주입식 교육과 별로 다르지 않다. 좋은 대학에 합격하기 위한 암기식 교육에 불과하다.

암기식 교육을 통해 명문대에 입학하는 시대는 끝났다. 대체되지 않는 나를 만들기 위해서 우리가 해야 할 일은 무엇인가? 우리 교육이 나갈 방향에 대해 더 깊은 고민을 할 때가 온 것이다.

학교 교육이 나가야 할 방향

제프리 힌턴이 딥러닝에 관한 논문을 발표하자 지구의 지배 계급에 속하는 실리콘밸리의 상위 1%가 움직였다. 새로운 문명 시대에 맞는 지배자가 되기 위한 새로운 교육 기관, '싱귤래리티대학교'를 설립한 것이다. 하버드·스탠퍼드·MIT·예일 같은 세계 최고의 대학들은 2000년대 후반부터 강의 위주의 수업 형태를 바꾸는 실험을 하고 있다.

이들이 추구하고자 하는 것은 무엇일까? 바로 인공지능에 대체되지 않는 새로운 시대를 지배할 능력을 갖춘 사람을 만드는 것이다. 인공지능에 대체되는 않는 나를 만들기 위해서는 기존 암기식 교육에서 벗어나 바라보고, 나누고, 융합해야 한다. 학교에서는 입시를 위한 암기식 교육이 아닌 '나'에서 '너'로, '우리'를 생각하는 교육을 해야 한다. 인간을 인간답게 하는 교육. 공감과 소통을 통해 '우리'가 함께 살아갈 수 있는 사회를 꿈꿀 수 있는 창의적 인재를 만드는 것이 바로 학교 교육이 나가야 할 방향이다.

민주시민교육에서 그 방향을 찾다

우리 사회는 다양한 문제를 경험하며 살아간다. 문제는 왜 일어날까? 어떻게 해결하는 것이 민주적일까? 그 이유와 방법을 아이들이 직접 고민하고 해결하게 하는 것이 바로 민주시민 교육이다. 민주시민 교육은 갈등, 인권, 기후위기, 동물보호, 공동체 등에 대한 시민으로서 책임감을 갖게 하는 것이다.

작은 사회라고 불리는 '학교'. 학생들은 민주시민 교육을 통해 주입식 교육이 아닌 참여와 경험을 통해 배운다. 이러한 참여를 통해 민주시민으로서 갖춰야 할 다양한 자질을 학습할 수 있다. 또한 사회를 발전시키는 공동체의 일원으로 성장할 수 있다.

생각하는 교육, 실천하는 교육, 성장하는 교육. 민주시민 교육에 우리 미래 교육의 해답이 있다.

스마트한
업무환경의 시작

장
진
수

기존과 다른 새로운, 편안한 자리에서 근무할수 있는 사무환경을 만들기 위해 제품을 개발하고 있습니다. 모든 사람들이 사무환경을 친근하게 느끼고 좋아할 수 있도록 끊임 없이 달려가고 있습니다.
fur010433@naver.com

나는 의자를 만들고 판매하고 있다. 아버지가 운영하시는 가구 매장에서 일을 같이 배우다가 의자에 매력을 푹 빠지고 말았다. 의자는 어떤 이들에게는 집중력과 편안함을, 어떤 이들에게는 생각할 수 있는 시간을 줄 수 있다. 가장 많이 보이는 가구이지만 수만 가지의 형태로 사용되고 있는 의자에 카멜레온 같은 매력을 느끼게 되었다.

의자는 다양한 공간에 다양한 형태로 존재한다. 이런 생각을 해본 적이 있다. 인류에게 의자가 없다면 어떨까? 사무실에서 하루 종일 서서 일한다고 생각해 보자.

운전을 서서 한다면? 공연이나 영화관람을 서서 한다면? 그중에서 가장 끔찍한 건 서서 먹는 밥이다.

이렇듯 일상생활에서 의자 없이는 생활이 불가능할 정도로 많은 곳에서 의자를 사용하고 있다. 또한 많은 사람들이 용도와 디자인에 맞게 의자를 선택하고 사용하고 있다.

다양한 매력을 가진 의자의 유래부터 의자의 종류, 의자가 가지고 있는 의미 등 의자에 대해 말해보려 한다.

권위의 상징에서 대중의 필수 가구로

의자란 '사람이 걸터앉는 데 쓰는 기구' 이것이 의자의 사전적 정의이다. 생활의 편리를 위해 사용되는 가구지만 과거에는 그 의미가 달랐다. 의자가 처음 만들어진 것으로 알려진 고대 이집트 때는 왕후, 귀족의 권위를 상징하는 수단으로 의자를 앉았으며, 18세기 전까지는 일반 서민들은 쉽게 사용하기 힘든 물건 중에 하나였다.

18세기 이후부터 본격적으로 다양한 디자인이 시도되었다. 오늘날에는 철, 나무, 플라스틱 등 다양한 소재를 사용해 수만 가지 종류의 의자가 만들어지고 있다.

현재 의자를 가장 많이 사용하는 장소는 주로 사무

실. 그중에서도 특히 책상 앞이다. 우리는 하루 중 약 1/3 이상의 시간을 앉아서 생활한다. 업무할 때, 밥 먹을 때, 커피 마실 때, 운전할 때 등 거의 모든 활동을 의자에 앉아서 한다. 너무 흔한 물건이라 생각해서인지 대부분 사람들은 의자를 대수롭지 않게 여긴다.

영상을 보기 위해 눈으로 모니터를 보고, 입력하기 위해 손으로 키보드를 누르지만 의자는 다르다. 앉기 전에는 잘 보이지만 앉는 순간 보이지 않는 물건이 된다. 하지만 눈에 보이지 않는다고 해서 신경 쓰지 않아도 되는 것은 아니다. 의자가 편해야 바른 자세로 오래 앉아서 공부에 집중할 수 있다. 푹신하고 편한 의자에선 종일이라도 앉아서 수다를 떨 수 있다. 잘 맞는 의자에 앉으면 작업의 능률도 오른다.

하지만 반대로 의자가 불편하다면 의자는 바로 존재감을 드러낸다. 존재감이 강한 의자에 앉으면 자리에서 자주 일어나게 되고, 몸이 뻐근해지며 장시간 사용할 수 없다.

이렇듯 의자는 불편하면 존재감을 드러내고 불편하지 않으면 존재감을 드러내지 않는다. 존재감을 드러내지 않고서 앉는 사람들에게 편안함을 줄 수 있는 의자가 좋은 의자이다.

한때 우리는 멀리 사는 친구에게 소식을 전하기 위해 편지를 썼다. 이후 삐삐와 전화기가 등장했고, 대중화될 때쯤에는 편지를 쓰는 사람이 드물어졌다. 현재는 누구나 스마트폰을 들고 다니게 되고, 편지는 감성을 불러일으키는 추억의 매체가 되었다.

우리는 지금 4차 산업 시대에 살고 있다. 인공지능에게 발전을 맡긴 세상은 편지에서 스마트폰으로 대체되기까지 걸린 시간보다 훨씬 더 빠른 속도로 변화하고 있다. 덕분에 우리의 삶은 훨씬 더 편리해졌다.

많은 전문가들이 인공지능이 발달하면 없어질 직업들이 많아지고 미래에는 대부분의 일들을 로봇이 대체할 것이라 예견한다. 그럼에도 불구하고 사라지지 않는 직업들이 있고 오히려 새로 생기는 직업들도 있을 것이다. 하지만 그때 그 시절 손으로 편지를 쓸 때나 현재 스마트폰으로 지구 반대편과 소통하는 지금도 우리는 같은 의자에 앉아있다.

4차 산업이 발달해서 모든 게 자동화가 되어도 가구는 없어지지 않을 것이다. 물건을 올려놓으려면 선반이나 책상이 필요하고, 인간은 하루 종일 서서 일할 수 없다. 지금 이 순간에도 우리는 의자에 앉고 책상에 물건을 올려놓고 작업을 하고 공부를 한다.

이렇게 현재에도 많은 부분을 차지하고 있는 가구지만 스마트 기술이 접목된 제품은 찾아보기 어렵다. 모든 것이 자동화되고 편리해지는데 가구는 아직도 아날로그적인 부분들이 많이 있다. 수동적으로 의자를 조절해야 하고 단순히 앉고 물건을 올리는 데만 의미를 두고 있기 때문이다.

물론 가구 시장이 형성된 지는 불과 100년이 채 안되었기 때문이기도 하다. 짧은 역사지만 가구도 시대와 트렌드에 맞게 변화해야 한다. 물론 아무리 세상이 바뀌더라도 사람이 걸터앉는 가구라라는 본질은 변하지 않는다. 4차 산업혁명을 지나 5차, 6차 산업혁명까지 가더라도 말이다.

그렇지만 앞으로는 디자인적인 발전이 아닌 기술적인 발전이 있는 가구가 만들어져야 가구 시장도 성장할 수 있다고 생각한다. 변하는 것, 그리고 변하지 않는 것.

나는 오늘도 의자를 만든다.

인공지능을 넘어서는
아이들을 키우기 위한
교육 개정이 필요하다

정
다
겸

인천시교육청 교육행정공무원, 자기계발을 통해
자신을 변화시키고 성장을 원하시는 분들에게
도움을 드리고 싶습니다.
ershu02@naver.com

2022년 대한민국교육 과정이 바뀐다. 비공식적으로
대한민국의 11번째 교육과정이자 7차 교육과정 이래 4
번째 수시 개정 교육과정이다. 이번 '2022 개정 교육과
정'의 핵심 키워드는 '인공지능'이다.

인공지능 시대, 4차 산업혁명 시대로의 변화에 따른
인재양상을 위한 2022 개정 교육과정은 생태 전환 교
육, AI와 SW 교육을 강화하고, 민주시민 교육, 안전한
삶과 생활을 위한 교육을 강화하고 있다. 특히 코로나
이후의 에듀테크를 활용한 온/오프라인 연계 수업을
활성화하고 있다. 인공지능 시대에 본격적으로 발맞추

려는 개혁으로 보인다. 그러나 여전히 인공지능도 충분히 할 수 있는 기술만 익히는 데 급급해 보인다는 점에서 아쉬움이 크다.

일본의 교육 개혁으로부터 배울 점

2013년 6월 일본 정부 역시 150년 만에 교육개혁을 단행했다. 우리나라 수학능력시험 같은 일본의 센터시험이 2020년 1월 폐지되었다. <대학입학희망자 학력평가 테스트(가칭)>에서는 주로 사고력·판단력·표현력의 판단기능을 평가한다. 기존의 국·영·수 중심의 교과목 평가에서 다면적이고 종합적인 평가로 전환하였다. 이는 지식 기능은 어디서나 얻을 수 있는 시대라 판단하고 사고력 판단력 표현력을 보는 학력측정 방법을 바꾸면서 일본 교육을 개혁하려고 한 것이다. 일본 정부가 150년 만에 단행한, 인공지능 시대 교육 혁명의 핵심은 철학적 사고 능력의 함양에 있다.

이번 교육개혁을 단행하면서 일본 정부는 새로운 생각을 하고 타인과 공감하는 능력은 자기 생각을 글로 쓰고 다른 사람들과 나누는 교육을 통해서 길러진다고 강조했다. 그래서 앞으로 국가와 개인의 생존과 번영은 이 두 능력에 달렸기 때문에 절박한 심정으로 임하고 있는 것이다.

강의의 시대는 끝났다.

4차산업 관련 전문가들은 강의 위주의 교육만 받아서는 앞으로 인공지능의 노예가 될 뿐이라고 하나 같이 입을 모은다. 하버드, 스탠퍼드, MIT, 예일 같은 세계 최고의 대학들은 이미 2000년대 후반부터 '인공지능 시대의 패배자'를 만드는 강의 위주의 수업 형태를 바꾸기 시작했다. 바로 '인공지능 시대의 승리자'를 만드는 수업이다. 심지어 이들 학교는 유다시티, 에드엑스, 코세라 같은 무크 기업을 설립하여 자기 학교 학생들만 들을 수 있었던 강의를 인터넷에 전체 공개하기로 했다. 강의의 시대가 종결되었음을 보여주는 대목이다.

미래를 향한 절박감이 우리에게는 없는가?

아직 한국 교육은 명명백백한 지식만 물어본다. 수능은 인터넷 검색만 하면 다 나오는 정답을 고르는 시험이다. 불확실한 정답이 나오면 수능 다음날 온 나라가 들썩이고 청와대 게시판에는 청원까지 올라온다.

이것이 바로 한국 교육의 한계다. 성적이 우수한 아이들 87%의 공부 비결은 교수가 하는 말을 그대로 암기한다고 한다. 철학자 한나 아렌트(Hannah Arendt)는 '무지는 용서해도 무사유는 용서할 수 없다'고 말한다. 심지어 '무사유는 범죄'라고 강조한다.

대한민국 교육은 사유를 허락하지 않는다. 이런 교육
이 지속이 된다면 인공지능 시대가 본격적으로 시작되
었을 때 우리나라는 인공지능이 인간을 대체하는 비율
세계 1위라는 불명예를 안을 가능성이 심히 크다. 이는
우리가 인공지능으로 인해 직업을 잃을 가능성이 커지
고 있다는 뜻이기도 하다.

미래사회를 살아갈 우리 아이들은 인공지능에 대체
되지 않도록 공감 능력, 창조적 상상력을 키우고, '비판
적으로 사유하는 인간'으로 성장시킬 필요가 있다.

죽은 물고기만 강의 흐름을 따라간다.

미래 사회에 우리가 인공지능을 지배하느냐, 지배당
하느냐는 우려는 코로나 이후 앞당겨진 4차산업 물결
속에서 우리의 삶에 대한 성찰을 촉구한다. 인공지능
시대에서 우리는 어떻게 살 것인가? 인공지능이 인간
을 넘어서는 시대에 무엇을 준비할 것인가? 그리고 어
떻게 살아남을 것인가? 이를 위해 우리는 아이들에게
어떤 교육을 해야 하는가? 이러한 절박한 심정이 있다
면 졸속으로 교육과정을 개편할 것이 아니라 백년지대
계로 관점을 전면적으로 달리해야 한다.

이전과는
다른 세상에
와있는 사람들

정
미
선

오랜 시간 수영과 스키등 아이들을 가르쳐온 베누스타 스포츠 단장. 디지털 온라인 세상에서 플랫폼 사업을 통해 세상을 바꿔보려 도전하는 리더 글로벌석세스빌더이다.
sun7484@hanmail.net

전 세계가 코로나로 인한 변화에 두려움을 느끼고 있다. 애써 개발한 백신을 비웃기라도 하듯 코로나는 지속적으로 변이를 일으키고 있다. 세계에 내로라하는 기업들이 재택근무 비율을 높이고 있고 비접촉 비대면 업무를 하고 있으며 사람들은 오프라인 매장에 가지 않고 안전한 집안에서 온라인 쇼핑을 통해 빠른 비대면 배달서비스를 받는다. 대형마트, 백화점, 영화관, 노래방, 여행사, 체육시설, 식당 등 모든 오프라인 사업들이 대부분이 코로나 직격탄을 맞고 있고 그 끝을 알 수도 없는 상황이다. 수년 안에 드론 택시가 상용화를 앞

두고 있다. 비대면 소통은 이미 대세를 이루고 있고 이
제는 화성 이주까지도 꿈꾸는 시대다.

사람을 필요로 하지 않는 비즈니스 시대

사람과 사람의 만남을 금지하니 기존 비즈니스 형태
는 한계가 있을 수밖에 없다. 사람이 사람을 필요로 하
지 않는 무인시대가 예상보다 더 빠르게 우리의 일상
으로 들어왔고 경제는 인류역사상 가장 최악의 기로에
서있는 듯하다. 인공지능은 주입식 교육으로 인간이
절대 따라갈 수 없는 정보력을 갖고 인간이 하는 모든
일을 수행하는 일을 대체하게 될 예정이다.

이 사실은 10년 내에 단순 노무직과 기능직 전문직
에 몸담는 인간을 사라지게 만들 수도 있고 대다수 인
간이 정치적, 경제적 가치를 잃은 무용 계급으로 전락
할 수 있다는 이야기이며 AI가 인류에게 가장 큰 위협
이 되고 있음을 경고하고 있다고 해도 과언이 아니라
고 말할 수 있다.

인공지능은 먼 미래 이야기가 아니다. 예로 월스트리
트의 최대 금융투자 기업 골드만삭스에선 인공지능 켄
쇼가 월 스트리트에서 가장 많은 연봉을 받던 600명의
트레이더가 한 달 동안 처리해야 하는 일을 3시간 20분
만에 끝내면서 결과적으로 598명의 트레이더를 회사

밖으로 몰아냈다.

일상에도 깊이 침투한 인공지능

비단 기업들에만 해당되는 것은 아니다. 우리가 일상에서 아침에 날씨는 보기 위해 스마트폰을 보고, 길을 찾아갈 때 스마트폰 내비게이션을 보는 등 사람에게 묻지 않고 스마트폰에 의존하는 우리들의 일상의 삶에서도 인공지능이 아주 가까이 다가와 있음을 알수 있다.

백신 개발과 더불어 투약도 거의 끝나 가고 있다. 지금이야말로 새로운 공부를 하고 새로운 세상 속으로 더 들어가야 한다. 디지털 플랫폼 안에서 머물러 새로운 직업을 만들어야 하는 시대. 새로운 세상을 알아차리고 준비한 사람들이 온다.

위기는 곧 기회다.

귀를 보며
세상을 읽다

조
재
숙

귀를 통한 전인치유 전문가로써 건강하고 행복하며 아름다운
삶을 살도록 컨설팅하는 사람입니다. 이를 위해 끊임없이 연구
하고 교육하는 평생교육사입니다.
eduear.cho@gmail.com

수사법은 비유를 효과적으로 전달하거나 내용의 이
해를 돕기 위한 언어표현 기법이다. 그중 제유법은 부
분과 전체의 관계에 토대를 두고 두 사물을 묘사한다.
이를테면 '사람이 빵만으로는 살 수 없다.'라는 문장에
서 '빵'은 '식량'을 의미한다. 작은 '부분'에 더 넓은 '전
체'를 담는 것이다.

'혀는 심장의 싹'

우리 신체의 극히 작은 부분인 귀에도 '전체'가 담겨

있다. 기껏해야 7cm 남짓인 귀에는 그 사람의 몸은 물론이고 마음까지 담겨 있다. 귀뿐만이 아니다. 기원전 400여 년 경 편찬된 중국의 고대 의서인 황제내경에는 귀뿐만 아니라 손과 발에도 우리 몸 전체가 담겨 있다고 기록되어 있다. 설진(舌診)도 마찬가지다. '혀는 심장의 싹'이라고 언급하였다. 혀의 상태로 인체 내부의 생리적, 병리적 특성의 변화를 파악한다. 이렇듯 고대로부터 귀, 손, 발, 혀 등 인체의 한 작은 부위가 우리 몸 전체와 밀접한 반응 관계가 있음을 보아왔다.

우리 사회에서 일어나는 다양한 현상들을 보면서도 우리는 그 이면에 숨은 변화나 진의를 읽어낼 수 있다. 테슬라의 최고경영자(CEO)인 일론 머스크는 유명 사립학교에 다니던 그의 자녀 다섯을 모두 자퇴시켜 세간의 주목을 받았다. 귀처럼 작은 이 에피소드 하나에서도 교육으로 인해 달라진 세상의 변화가 읽힌다. 바로 4차산업 혁명이다.

일론 머스크는 이 4차산업 혁명에 대비하기 위해 자녀들을 본인이 설립한 학교, 철학 하는 인간을 길러내는 '애드 아스트라(Ad Astra)'에 입학시켰다. 그는 다가올 4차 산업을 준비하기 위해서 아이들 교육에도 '재창조'가 필요함을 절감하여 이 학교를 설립한 것이다. 이는 미래 세대를 육성하기 위한 일론 머스크의 새로운 도전이다.

이 학교의 가장 큰 특징은 '학년'의 구분이 없다는 것이다. 8살부터 13살까지 31명의 아이들이 나이와 상관없이 같은 시간 같은 공간에서 배움을 이어간다. 이곳에서는 '윤리'와 '도덕'에 관한 문제를 매일 마주하고 세상을 비판적인 시각으로 바라보며 철학을 연습한다.

일론 머스크는 자녀들을 인공지능을 비서처럼 거느릴 제1계급 중에서도 최고 위치에 오를 존재로 키워냄을 목적으로 하고 있다. 일론 머스크는 변화하는 세상에서 그간 교육시스템이 수십 년 동안 전혀 바뀌지 않았다는 걸 깨닫게 되었다. 그래서 그는 학교라는 작은 한 부분을 바라보고 교육에 대해, 인간의 삶에 대해, 미래사회로의 변화에 대해 맥락을 짚어가며 자녀들을 4차산업혁명 시대에 걸맞는 인재로 교육하여 미래를 준비하고 있는 것이다.

귀에는 그 사람의 삶이 정직하게 나타난다

'하나를 보면 열을 안다'고 했고, '될성부른 나무는 떡잎부터 알아본다'는 말도 있다. 한 부분을 보면 전체를 알 수 있음을 나타내는 속담이다.

다시, 귀로 돌아와서. 귀에 나타난 작은 반응 하나만 봐도 그 사람의 신체나 마음의 상태가 보인다. 건강뿐 아니라 기질까지도 파악할 수 있다. 심지어 그의 과거와 현재는 물론 미래까지도 엿볼 수 있다. 귀에는 그 사람의 삶이 정직하게 그대로 녹아 있다는 말이다.

이를 뒷받침할 만한 예가 있다. 2000년 6월 13일 당시 김대중 대통령과 김정일 국방위원장의 역사적 만남의 현장이 TV를 통해 방영되었다. 그를 지켜보던 이현중, 한.중이혈건강요법학회장이 화면 속 귀에 나타난 증후를 보고 분석을 하여 2000년 6월 20일자 충북경제신문 7면에 김위원장의 성격과 건강에 대해 부분적인 인용을 한 바 있다.

당시만 해도 김위원장에 대한 정보는 거의 전무한 상태였다. 그 후 2004년 1월 19일 동아일보에 의학전문기자가 '김정일 와병설의 진상은'이라는 제목으로 국내외 종합적인 자료들을 분석하여 근거 있는 기사를 보도하였다. 공교롭게도 충북경제신문에 기고한 것과 같은 시각으로 김위원장의 성격과 건강의 상태를 분석하여 작성된 내용이었다. 이후 [김정일리포트] (손광주, 2003, 바다출판사)에도 이근후 박사(이화여자대학교 교수, 신경정신과)의 정신분석 견해와 황장엽(전 북한 최고위층 인사)의 증언을 바탕으로 기사와 같은 의미의 글이 기록되어 있다. 귀를 보면 몸 전체의 맥을 짚을 수 있음을 증명해 준 사례다.

사람들은 누구나 늙는다. 나이를 먹을수록 약해져 가는 신체와 마음을 마주하게 된다. 그리고 노화와 함께 면역체계도 약해져 간다. 이럴 때 눈으로 바로 확인할 수 있는 귀를 보며 자신과 가족에게 나타나는 변화를 읽어낼 수 있다면 좀 더 활기차게 살 수 있지 않을까?

코로나19라는 초유의 사태 외에도 우리를 공격하는 바이러스와 질병으로부터 위협을 받는 이 시대를 살아가는 우리가, 귀에 나타난 사소한 하나의 현상을 보고 우리 몸 전체의 건강상태를 읽을 줄 알면 좋겠다. 앞으로 다가올 우리의 미래를 건강하게 살기 위해서 작은 현상 속에서 표현하는 큰 변화를 읽어낼 수 있기를 바란다.

작은 귀 하나로 몸과 마음 전체의 맥락을 짚어내어 우리의 미래를 통찰하고 관리하기를 바란다. 작은 귀를 통해 나를 보고, 너를 보고, 우리를 보며 세계를 향해 같이, 가치로운 이혈여행을 떠나보는 것은 어떨까?

미래를
트렌디하게
리딩하라

조
현
정

스토리를 파는 브랜드마케터입니다. 빠르게 변하고 있는 현실
속에서 트렌드 포인트를 찾고, 미래를 향해 한 발 한 발 성장하
고 있습니다.
moonmanjusri@naver.com

가격 대비 성능, 가성비를 따지던 소비자들이 점차
사라지고 있다. 소비의 초점이 '필요'에서 '나'로 변하고
있기 때문이다. 요즘 가격 대비 마음의 만족, 일명 가심
비가 구매를 결정짓는 요인으로 떠오르고 있는 이유이
기도 하다. 그래서 기업들은 공감 마케팅에 주목하고
있다.

소비자의 마음을 여는 공감 마케팅

공감 마케팅하면 빙그레의 요술단지 이벤트가 좋은

예시다. 바나나맛 우유는 단순히 마시는 음료수가 아니라 알라딘의 지니처럼 힘든 코로나 시기를 겪고 있는 소비자들에게 요술단지가 되어, 답답함을 털어놓을 수 있는 소통의 창구 역할을 했다.

유치하다고 생각할지도 모를 이 이벤트에 무려 10만여 명의 소비자가 참여해 새해 소원을 빌었다. 대중들이 공감형 마케팅에 반응한 대표적 사례다. 그래서 기업들은 단순히 제품의 장점을 부각하는 것이 아니라 제품에 스토리를 덧입혀 소비자의 공감과 유대감을 형성하는 방식으로 마케팅 포인트를 잡고 있다.

그러다 보니 기업과 소비자를 연결하는 '마케터의 역할'이 어느 때보다 중요해지고 있다. 그런데 아이러니하게도 직업으로서 마케터 입지는 점차 좁아지고 있다. 빅데이터와 AI의 적용이 확대된 현재 4차 산업혁명 시대에는 공감마케팅이 점차 인간의 영역을 벗어나고 있기 때문이다.

공감, 과연 인간만의 영역일까?

공감의 사전적인 정의는 '다른 사람의 상황이나 기분을 같이 느낄 수 있는 능력'이다. 인공지능은 기계이기에 감정이 없고, 사람과 공감-소통을 할 수 없다. '공감'은 인간에게만 허락된 유일무이한 감정처럼 여겨지는

데, 왜 점점 인간의 손을 떠나고 있을까? 이러한 상황 속에서 우리는 반문하게 된다. '공감'은 정말 인간만이 할 수 있는 것일까?

컨설팅 업체 [위아소셜]의 글로벌 컨설턴트 사이먼 캠프와 수지 쇼는 "공감 능력은 학습된 것이며, 문화에 따라 달라질 수 있기 때문에 AI 코드로 구현할 수 있다."고 말한다. 영화에 나올법한 이들의 주장은 현실이 되었다.

공감하는 인공지능 AI 엄마의 탄생

<나의 기계 엄마>는 인터랙티브 로보틱스 조각으로 된 노진아 작가의 작품이다. AI 엄마는 관객의 동작과 표정에 반응하며, 찌푸리거나 미소를 짓는다. 물론 모두 저장된 데이터이다. 그러나 AI 엄마를 보는 관객들은 엄마의 변화에 반응한다. 이 작품을 보며 기괴하고 소름 끼친다는 반응도 있지만, 대체로는 로봇과 감정적인 대화를 하며, 눈물을 흘리며 소통한다. 오히려 로봇이기에 엄마를 떠올리며 소통할 수 있는 것이다. 인간과 로봇의 소통에 대한 기대감이 떠오르고 있다.

인간만이 할 수 있다고 여겨져 왔던 직업인 상담사, 심리치료사 또한 마찬가지이다. AI는 공감할 수 없기에 해당 직업은 AI에 대체되지 않을 직업으로 분류되었다.

하지만 소통과 공감은 인간 고유의 영역이라는 과거의 프레임이 깨지기 시작했다. 실제로 80% 이상의 사람들이 심리상담 분야에 AI가 도입되길 적극적으로 원하고 있다는 조사 결과가 발표된 바 있다. 고민을 이야기할 때, 상담자의 판단과 편견에 대한 부정적인 반응을 걱정하지 않아도 되기 때문이다.

마케터에게 요구되는 자세

마케팅 분야도 예외는 아니다. 아니, 안타깝게도 오히려 어떤 영역보다 빠르게 AI 공감마케팅에 반응할 것이다. 마케팅은 트렌드 변화에 민감한 영역이기 때문이다. 기업은 소비자의 긍정적인 반응이 보장된다면 빅데이터를 기반으로 한 AI 공감마케팅을 발 빠르게 도입할 수밖에 없다. 일본에서 시범운영 되는 로봇 안내원은 카메라와 오디오를 통해, 소비자의 표정과 어투를 파악해 감성을 해석한다.

빅데이터를 통해 소비자와 공감대를 형성할 수 있는 핵심가치를 알고리즘화하면, 소비자가 반응하는 공감마케팅이 손쉽게 완성되는 것이다. 이러한 상황 속에서 마케터로서, 인공지능에 대체되지 않기 위해서는 어떤 자세가 필요할까?

미래를 트렌디하게 주도하는 마케터가 되기 위해서

는 근원적인 부분인 공감 영역으로 되돌아갈 필요가 있다. AI는 데이터로 입력된 반응을 통해 소통하고자 하는 사람에게 1+1 = 2 정해진 결괏값으로 공감을 한다. 수집된 데이터는 지나간 '과거' 즉, 이미 죽어버린 감정이다. AI가 할 수 있는 공감의 영역은 이미 통계자료로 수집된 과거의 반응이다.

하지만 인간 마케터는 살아있는 사람들의 감정에 반응하며 공감해야 한다. 과거가 아닌 '현재'의 데이터를 수집, 분석하고, 변화될 트렌드를 예측하여 공감 포인트를 끌어내면서 사람들의 반응을 즉각적으로 캐치하고 공감 포인트를 잡는 능력이 필요하다. 소비자와 연결되는 포인트를 찾을 수 있는 역량이 마케터에게 절실히 요구된다.

메타버스는
110번 버스를
타고 달린다

지홍선

중소벤처기업연수원 1등 강사, 기업강사들의 멘토, 기강공 교수강사, 20년 현장강연 경험으로 코로나 위기에서도 리더십, 스피치, 공공서비스, 조직활성화, 기업 맞춤식 교육에 관한 두 권의 책을 펴낸 섭외 1순위 강사.
vcxz0113@hanmail.net

110번. 포항시민들에게는 너무나 친숙한 이 숫자. 110번 버스는 포항 시내를 가로지르며 시민들의 발이 되어 주는 노선이다. 서울의 지하철 2호선과 같이 시내를 순환한다.

지난해 이 세계에는 달갑지 않은 버스가 우리를 강제로 태우기도 했다. 코로나19라는 버스는 우리를 좁은 공간에 가둔 채 지금도 4차 산업이라는 세계로 더 빠르게 달려가고 있다.

코로나와 함께, 온텍트(ON-Tact) 세상에 대해 말들이 많다. 그중 '메타버스'는 근래에 들은 말 중 가장 추상적이면서도 난해한 신조어다. '현실세계와 같은 사회경제 문화 활동이 이뤄지는 3차원 가상세계'로 정의되는 메타버스는 약 25년 전 월드와이드웹 (WWW)이라는 단어가 등장했을 때의 2세대 통신과는 비교가 되지 않는 규모와 발전 속도를 보여준다. 현재의 통신환경은 5세대 (5G)이르렀고, 4차 산업혁명에서 고속도로 역할을 하고 있다.

4차 산업혁명에서 고속도로 역할

과거 월드와이드웹으로 대표되는 인터넷 환경에서의 '지식과 정보'는 공간의 벽을 넘어, 전지구적 (GLOBAL)으로 '나가자(OUT)'라는 점이 강조된 반면, 현재 코로나 상황에서 압축 성장한 인터넷 환경에서의 메타버스는 집 밖이 오염되었으니 PC 안으로 '들어오라'(IN)고 말한다.

집안에서 'IN'의 의미를 품은 'MOVIE'로 강제 전환된 셈이다. 즉, 활동성에 제약이 있으니 마치 영화를 보듯 가상 세계로의 진입을 강요하는 것이다.

그렇다면 이러한 변화 속에서 인간의 커뮤니티 활동은 어떠해야 하는가? 이러한 소통에 대한 고민은 독서모임을 가지면서 더욱 깊어진다. 개인적으로 <북테크>라는 독서모임을 가지며, 단순히 모여서 책을 읽는 것만이 목적이 아니라 다양한 인터넷 환경과 미디어 환경에 도전하고 있다.

'OUT', 'MOVE'를 목표로 하고 있으나 늘 'IN', 'MOVIE'가 되어 정체성이 와해되지 않을까 염려가 된다. 4차산업혁명은 이미 우리 시대에서 현실이 되었지만 그 변화의 물결 안에서 우리의 커뮤니티는 여전히 불안하기만 하다.

메타버스의 속성은 '가상공간의 디테일'에 강점이 있는 듯하다. 그렇지만 이 '가상공간의 디테일'을 구성하기 위한 시간과 노력이 너무 많이 들고, 프로그램 상에서 사용자 인터페이스, 즉 UI가 초보자들에겐 다소 복잡하다. 이 말은 곧 추가적인 학습이나 경험이 요구되고, 전체적인 공간을 설명하는 시간을 별도로 마련하여야 함을 의미한다.

'가상공간의 디테일'

내가 거주하는 포항에서는 이동 수단으로 전 시내를 아우르는 110번 버스가 있다. 이 버스는 각 정류장을 지나 종점을 향해 나아가며, 다양한 장소에서 사람을 만나게 한다. 메타버스는 이러한 버스 노선 같은, 공간(정류장)에서의 다양한 미디어 접근을 통해 사람과의 소통을 가능하게 한다. 과연 메타버스가 그러한 경험을 우리에게 줄 지에 대한 의문을 품으며 IN이 아닌 OUT으로, MOVIE가 아닌 MOVE의 상황으로의 커뮤니티 전환을 꿈꾼다.

현재는 메타버스를 '사용해보았다', '경험해보았다' 정도의 경험에서 제한적으로 사용되어야하는 단계에 있는 듯하며, 책에 더욱 집중할 수 있고, 이를 통해 커뮤니티과 활성화되는 방향이 무엇인지에 대한 진지한 고민이 필요하다.

메타버스를 이용한 커뮤니티 운영이 활성화되려면, 시내를 돌아다니는 110번 버스를 타는 것처럼, '버스로의 탑승과 목적지 하차'로 관습적 경험의 시간을 지나, 차 안에서의 지루함을 달래는 문화적 장치를 통해, 버스를 타는 것의 즐거움을 경험하게 하는 노력이 필요할 듯하다.

빠른 4차산업혁명의 속도와 무관하게 오늘도 포항 110번 버스는 여러 정류장을 정속 주행하며 다양한 장소에서 사람과 사람을 이어주고 있다. 메타버스가 앞으로 당도할 노선이 어디일까 사뭇 궁금해지는 오늘이다.

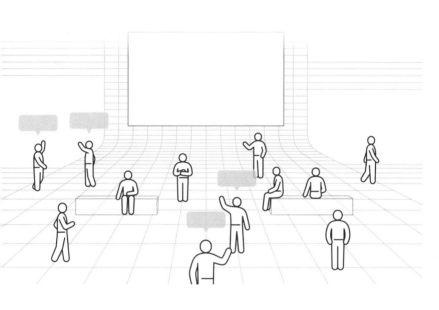

PART 1. 지식_메타버스는 110번 버스를 타고 달린다 - 지홍선

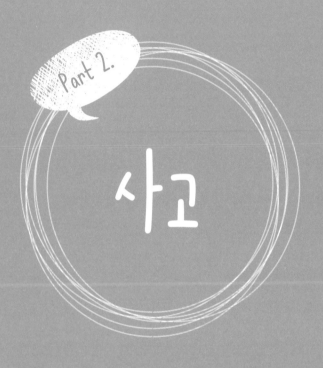

Part 2.

사고

왜 다들
자기 자신에 대해
궁금해 할까?

강 성 윤

조직, 관계에서 해결하고 싶은 문제에 대해 본인 스스로 가진 잠재된 열정과 역량을 업그레이드 하여 해결방안을 만들수 있도록 돕는 솔루션메이커이다.

solutionmaker@naver.com

2050년이 되면 인간 일자리 50%가 인공지능으로 대체되고, 인간은 인공지능의 지시로 일을 하는 '프레카리아트(precariat)'가 될 것이라는 전망이 있다. 반면 2차, 3차 산업혁명을 거쳐도 일자리만 많아졌다고 4차 산업혁명 이후에도 여전히 일자리는 창출될 것이라는 낙관적인 시선도 존재한다. 어느 쪽이 되었든 근거 없는 두려움, 혹은 막연한 기대 보다는 정확한 정보와 인식으로 제대로 알아야 한다.

실체를 명확히 파악하고 나서는 무엇을 할 수 있는가에 대해 고민을 할 차례다. 무엇을 할 것인가. 그 방법은 인공지능은 못 하고 인간만이 할 수 있는 분야에 집중하는 것이다.

필자는 그것을 스스로 질문하기라고 생각한다. 배움의 속도는 인공지능이 훨씬 앞서겠지만, '왜?'라는 질문은 오직 인간만의 능력이다. 질문은 일의 방향을 바꿀 수도 있다. 스스로의 존재에 대한 질문 역시 인간만이 할 수 있다.

"나는 누구인가?", "나는 무엇을 추구하는가?",
"나는 무엇을 위해 사는가?"

이 중 나는 누구냐는 질문에 대한 답을 구하기 위해 우리는 각종 진단 프로그램을 찾기도 한다. 특히 MBTI는 각종 SNS나 TV 프로그램에서도 종종 소개되는 대표적인 진단 프로그램이다. 서로 어떤 유형인지 물으며 가벼운 대화 소재가 되기도 한다. MBTI뿐만 아니라 성격이나 기질, 심리를 도식화한 도구들은 두 손, 두 발로 다 꼽기 어려울 정도로 많다.

심리 진단은 남들과 다른 차이를 측정하기 위하여 고안되고 표준화된 기법이다. 개인차를 측정하기 위한, 즉 내가 얼마나 다른 사람들과 같은지 혹은 나만 다른지에 대한 부분을 보여준다. 결국 나에 관한 이야기로 나는 어떤 사람이며, 왜 이런 선택을 했을까에 대한 궁금증을 해소해준다.

자신에 대한 호기심은 과거 고대 철학자들에게서도 찾아볼 수 있다. "나는 누구인가?"는 철학이 인간에게 묻는 근원적인 질문이기도 하다. 이에 대한 명확한 해답은 없는 모양인지 우리는 지금도 스스로에게 '나는 누구인가?'라는 질문을 끊임없이 하고 있다.

그렇다면 왜 이렇게 자신에 대해 알고 싶을까. 생각해 보면 단지 나에 대해 모르니 알고 싶은 것이라 하겠다. 도통 나란 사람을 잘 모르겠고, 심지어 상황마다 달라지니 더 모르겠고 과거의 나와 현재의 내가 다르기도 하니 미래의 나에 대해서도 궁금할 수밖에. 누가 속 시원히 너는 이런 사람이라고 명쾌하게 답해 주었으면 하는 바램이다. 사람들은 불명확하고 모호한 상황을 싫어한다. 하지만 실은 평상시 쓰는 표현부터 불명확하고 모호한 경우가 많다.

"넌 고집이 세.", "넌 꼼꼼하고 계획적이야."

이 예시를 살펴보자. 사실 우리가 흔히 쓰는 수많은 표현들이 대부분 모호하다. 고집이 세다는 말도 근거나 판단 기준이 모호하다. 게다가 사람이 어찌 한 모습만 가지고 있나. 혼자 있을 때의 나, 가족들과 함께 있을 때의 나, 사회생활을 할 때의 나… 등 모두가 다른 모습을 하고 있다. 노래 가사말에 "내가 나를 모르는데….
넌들 나를 알겠느냐 한 치 앞도 모두 몰라 다 안다면 재
미없지…."라는 구절이 있다. 그렇다. 나도 나를 모른다.
그러니 나에 대해 알고 싶고 게다가 그것을 다른 사람
들이 확실하게 알려주면 더 좋고 유명한 학자들이나
이미 검증된 테스트나 진단 도구라면 더 신뢰가 간다.
그래서 이렇게 많은 심리 테스트와 나의 유형을 진단
하는 진단 도구들을 사람들은 열렬히 좋아하고 있다.

코로나로 인해 사람들이 집에만 있게 되면서 나를
돌아보고 나에 대해 성찰을 하는 시간이 평균적으로
늘었다고 한다. 자연스레 나를 알아보는 테스트에도
더 많은 관심이 쏠리고 있다.
너 자신을 알라는 소크라테스의 말은 단지 철학자라
서가 아니라 인류 보편적으로 가장 궁금한 질문이 아
닐까? 그리고 사람들은 보편적으로 자기 자신에 대한
사랑과 자기애가 넘쳐나므로 가장 궁금한 것이 바로
'나 자신'이 아닐까 한다.
그리고 변화무쌍한 나 자신 중에서 어떤 모습이 나이
냐는 혼돈에서 테스트나 진단들이 명확하게 그것을 이
야기해주고 나랑 비슷한 성향의 사람들과 함께 더 친해
지고픈 마음과 나랑 다른 성향의 사람들과 잘 지내고 싶
은 마음에서 자기 자신을 궁금해하며 진단하는 것이다.

환자경험평가,
양면성보다
방향이 우선

김
은
진

환자경험평가,
양면성보다
방향이 우선

김
은
진

대한민국 간호사. 경희대 의료경영 석사 졸업 후 강의, 코칭, 메디컬 칼럼니스트로 행복한 의료 조직 문화를 만들어 성과로 연결하는 일을 하고 있다. 의료계에 선한영향력을 전하는 방법에 대해 진지한 고민중이다.
kimeunjin_sophia@naver.com

병원 외벽에 빛나는 금색 마크를 본 적 있는가? 건강보험심사평가원(이하 "심평원")의 까다로운 인증을 통과했다는 의미다. 환자가 병원을 선택할 때 신뢰감을 높이고 나아가 병원의 매출까지도 영향을 줄 수 있다는 점에서 많은 병원들이 인증 절차를 밟고 있다.

병원 인증제. 2010년 6월 의료법이 개정되면서 공급자 중심에서 소비자 중심으로 의료문화가 바뀌었다. 평가 방식도 강제평가에서 자율평가로 전환되면서 병원 인증제라는 것이 도입되었다. '환자 안전과 질 높은 의료서비스 제공'이라는 목표로 수많은 병원에서 인증

평가를 시행했다.

이후 환자의 가치를 보장하자는 '환자 중심성(Patient-Centeredness)'이 더욱 강조되면서 2017년 보건 의료체계를 평가하는 필수 영역으로 '환자경험 평가'를 시행하게 되었다. 환자가 입원해있는 동안 병원의 시설, 진료 시스템과 의료진으로부터 제공받은 의료서비스에 대한 평가를 직접하는 것이다.

예를 들면 치료 기간 동안 의료인과 충분한 소통을 하였는지, 쉽게 설명을 들었는지, 환자 자신의 치료 과정에 참여할 기회가 있었는지 등을 전화 조사를 통해 평가할 수 있다. 이런 환자경험 평가에는 두 갈래 시선이 존재한다.

환자경험 평가에 대한 긍정적 시선

환자 중심성 의료서비스 시스템 체계를 구축하기 위해서이다. OECD 국가를 비롯하여 전 세계적으로 보건 의료에 떠오르는 주제 중 하나가 환자경험이다. 환자에게 수준 높은 의료서비스를 제공하기위하여 보건의료계의 성과관리 핵심지표로 환자경험 평가는 중요한 자료로 사용할 수 있을 것이다.

또 다른 이유는 환자가 주도적으로 건강 관리를 하는 것이 중요하기 때문이다. 대부분의 환자들도 공급자 중심 의료에 익숙해져 중환자나 만성질환자들이 아닌 이상 자신의 진단명, 복용약에 대해서도 명확하게 알고 있는 경우는 드물다. 이것은 환자 자신의 건강 관리에 대해서 주도권이 없다는 의미다. 따라서 환자경험 평가를 통해서 진정한 환자 중심의 의료서비스 제공을 위하여 환자들에게 건강 관리 주체자로서 인식개선도 제공할 수 있을 것이다.

환자경험 평가의 한계

한편 환자경험 평가에 대한 부정적인 시선도 존재한다. 의료서비스가 다른 서비스와 가장 큰 차이점은 환자의 생명과 직결된다는 점이다. 병원 현장은 정말 시시때때로 다이내믹하게 변한다. 이런 상황에 의료진들을 친절이라는 기준으로 평가하고, 병원을 서열화한다는 것은 합당하지 않으며, 충분히 불편함을 드러낼 수밖에 없다고 생각한다.

그리고 우리나라 의료 체계에선 전인적 의료 서비스 제공이 현실적으로 어렵다는 점도 부정적 평가에 근거를 더한다. 높은 환자경험 평가 점수 이면에는 보건의료계 종사자들이 휴식 시간조차 제대로 보장받지 못하고 있다는 불편한 진실이 숨어있다. 이런 상황에서도 환자 중심의 의료서비스를 제공하기 위해 환자경험 평가에서 큰 비중을 차지하는 간호사들은 지금 이 순간에도 제대로 된 휴식시간도 없이 열심히 일하고 있다. 환자 중심의 의료서비스도 중요하지만 병원에 근무하는 직원들을 위한 보건의료체계 변화가 더욱 시급하지 않을까?

환자경험평가가 나아가야 할 방향

의견은 당연히 갈릴 수 있다. 이해관계가 얽혀있기 때문이다. 다만, 한 가지. 환자 중심성 의료서비스 제공을 위하여 시행한 인증 평가가 의료계의 요양급여 적정성 평가에 따라 병원에 진료비를 가감지급하는 수단으로 변질되지 말았으면 한다. 또한 평가 점수를 통해 병원의 서열화를 조장해서도 안 된다.

이제 우리는 환자 경험 평가의 긍정적인 점, 부정적인 점에만 초점을 맞추지 말고 의료계의 환자경험 평가를 통해 환자 중심성 의료서비스를 어떻게 더 옳은 방향으로 제공할 수 있을지에 대해 집중해야 한다. 의료계의 목표는 국민의 건강증진임을 잊어서는 안 될 것이다.

같은 상황,
나는 어떤 선택으로
볼 것인가?

**김
희
경**

부모교육전문가로서 가족치료와 상담심리를 전공하고, 20년간 부모와 아이들을 만나 상담과 교육을 진행하고 있습니다. 어머님들이 지어주신 '마음약사'라는 별명처럼 세상의 많은 사람들의 마음을 치유하고, 한 뼘 성장하는 그 순간에 동행하는 사람이 되고 싶습니다.

banglgom@nate.com

한 아이가 휴대폰을 떨어뜨려 그만 액정이 깨지고 만다. 아이는 자신의 머리를 때리면서

'주머니에 휴대폰을 넣었으면 이런 일이 안 생겼겠지? 친구 전화를 안 받았더라면?'

스스로를 향한 자책은 조금씩 가속도를 붙이다가 종국에는 '애초에 내가 안 태어났으면 이런 일도 없었겠지?'로 이어지기도 한다. 사소한 실수에 대해 자기 존재에 대한 부정까지 이어지는 것이다. 쉽게 자책하는 아이. 당신이 부모라면 어떤 말을 해주면 좋을까?

아이의 다양한 행동에 따라 부모는 어떠한 반응을 보인다. 정확하게는 반응을 선택한다. 그렇다면 나는 대체로 긍정적인 반응을 선택하는가? 부정적인 반응을 선택하는가?

"저는 태어나지 말았어야 했나봐요."

듣는 순간 짜증이 확 밀려올라오고, 뭐 그렇게까지 극단적으로 가냐며 소리를 지르고 싶어질 수도 있다. 혹은, 그런 아이가 안쓰러워 '많이 속상했구나'라며 공감과 격려를 보낼 수도 있겠다.

머리로는 지지를 보내야 하는 것을 아는데 그게 마음으로는 잘 안 될 때가 있다. 그래서 소리를 지르기도 하고 짜증을 내기도 한다. 괴롭다. 이럴 때 당장에 정답을 찾기보다 지금, 부모인 나는 어떻게 하는가를 먼저 살펴야 한다.

며칠 전 친구가 뷔페식당인 애슐리에서 서빙하는 사람이 한 명도 없다며 동영상을 보내왔다. 영상 속에는 홀로 움직이는 기계 위로 손님들이 그릇을 올리는 모습이 보였다. 이러다 기계랑 이야기하는 세상에 살겠다며 걱정하는 모습을 보며 새삼 4차 산업혁명에 대해 생각해보는 계기가 되었다.

대중들에게 4차산업은 위협적인 존재로 여겨지는 듯하다. 그러나 실제 AI를 비롯한 첨단 기술은 우리 삶에 이미 큰 도움이 되고 있다. 의료계만 보더라도 엄청난 데이터를 순식간에 분석해 정확한 진단을 내리는 AI가 있다. 그렇다고 모든 의사들의 일자리를 빼앗지도 않았다.

'대체'가 아니라 '함께'하고 있는 것이다. 문득, 우리의 일상에도 친구같이 도움 주고, 지지해 주는 로봇과 함께 상생할 수 있다면 얼마나 좋을까 싶은 생각이 들었다.

서두에서 언급했듯 실제로 사소한 실수조차 용납하지 못하는 아이가 있다. 지금 내 무릎을 베고 누운 아들도 그렇다. 저런 까칠함과 불평과 불만이 오래가면 어떡하지 고민했는데, 15살의 지금 다행히도 잘 크고 있다. 삶에서 긍정적인 부분을 더 많이 찾으려 노력한 덕분이라 생각한다.

이런 아들에게 내가 해준 것이라곤 그저 묵묵히 견뎌주고, 들어주는 것이 다였다. 진짜 태어나지 말았으면 하는 건지 감정을 물어볼 뿐 그에 대해 평가하거나 채근하지도 않았다. 단지 그것만으로 15년의 세월을 함께 지내며 마음을 가다듬고, 스스로를 성장시키면서 잘 크고 있다.

모르는 사이에 아이에게 일어나는 수많은 사건들과 감정의 성장이 문득 궁금해질 때가 있다. 내 눈에 보이지 않았던 시간 동안, 무슨 일이 있었는지 누가 알려주면 좋겠다. 그래서 불현듯 로봇이 떠올랐는지도 모르겠다. 감시가 목적이 아닌 학교에서 친구들과 매순간의 일어나는 수많은 상황들 속에서 내 아이가 스스로 해결해가는 과정을 알려주는 로봇 말이다.

아이의 성장하는 매 순간을 옆에서 보고, 기록해주는 AI가 있다면 어떨까? 내가 보지 못한 우리 아이의 마음까지도 성장하고 있음을 보여주고, 또 응원과 격려를 해주면서 잘하고 있노라 격려까지 해주는 로봇이 있다면 어떨까?

만약 이런 로봇이 있다면 정작 부모들은 어떻게 사용할지 생각해보니 희망보다 우려가 앞선다. 마치 1인 독서실 책상처럼 잘못 사용될까봐 걱정이다. 1인 큐브형 독서실은 방 한 켠에 상자처럼 생긴 공간 안에 책상 하나 밀어 넣고, 문을 닫아버린다. 집중력을 높이기 위한 목적이라지만 일부 부모들은 밖에서 문을 잠그고, CCTV까지 설치해 집중용이 아닌, 감시용으로 사용하기도 한다. 일부긴 해도 학대 사례로 몇 차례 소개된 바 있다.

장점을 보는 로봇의 일상 브리핑이 아이의 부족한 부

분을 지적하는 것으로 역할이 바뀌는 순간 4차산업은 발달이 아니라 퇴보가 될 것이다. 부모 역할을 조금이라도 더 잘해보고 싶은 마음도 퇴색될 것임이 빤하다.

로봇의 도움을 받지 않더라도, 아이는 내 옆에서, 학교에서, 친구들 사이에서 조금씩 자라고 있음을 부디 기억하기 바란다. 그 속에서 아이의 멋진 성장을 충분히 칭찬해 주지 못했음을 안타까워하면서, 지금 내 옆에 아이의 장점을 한 개라도 더 알아채고 전해주길 바란다. AI에게 맡기기 전에 내가 먼저 발견하는 부모가 되길 바란다.

물론 눈에 띄는 단점을 당장에라도 고쳐주고 싶고, 요것만 잘하면 더 멋진 내 아이가 될 것 만 같은 그 마음 백번 이해가 된다. 쉽지 않겠지만, 아이를 사랑한다는 마음을 제대로 전달하는 것이 가장 중요함을 잊어서는 안 될 것이다.

멈춤이
전진이다

심
지
영

미래를 향한 여러분들의 꿈의 도전에 행복을 조율하는 해피메디에이터.
하브루타를 기반으로 한 역지사지 휴먼 러닝을 통해 여러분들의 행복한
성공을 기원합니다.
역지사지 휴먼 러닝 연구소장
happyshim21@naver.com

'곰'이 물구나무를 서면 어떻게 될까? '초등학교'가
아니라 '국민학교'를 다녔던 세대라면 쉽게 답을 맞혔
을 것이다. 정답은 '문'이다. 추억 속에 이 낡고 오래된
유머가 문득 떠오를 때가 있다. 사회생활 하면서 인간
관계에 시달리고 나면 어느 순간 해탈이라도 한 듯 이
런 생각이 든다. 그래, 문이면 어떻고 곰이면 어떠랴.

글자 하나로도 서로 다르게 읽을 수 있는 것이 바로
인간관계다. 이 쪽에 서면 곰이고, 저 쪽에 서면 문이
되기도 하는 관계. 사회는 또 어떤가? 서로 다른 사람
들이 함께 살아가는 사회 안에는 또 얼마나 다양한 시

각과 관점이 존재할까?

틀린 것이 아니라 다른 것

정답이 있는 수학 문제가 아닌데, 우리는 살아가면서 자꾸만 답을 찾으려 한다. 이런 이유로 인해 나와 다른 답을 가진 사람들을 다르다고 인정하지 못하고 틀렸다고만 생각한다. 상대방은 어떨까?

여러 관계 속에서 우리는 서로 다름을 인정해야 한다. 하지만, 하루아침에 상대방을 '그럴 수도 있지.'라며 너그럽게 받아들이기는 쉽지 않다. 우리는 학교에서 O 아니면 X를 선택해야 하는 2지선다를 교육받아왔다. 교육이 다양성과 창의성을 강조하며 변화해왔다고 하지만 아직은 이분법적 사고가 지배적이다. 이후 사회생활에서도 그것이 그대로 적용되는 상황에 늘 놓여있다.

하물며 가정에서는 어떤가? 동양에서는 눈을 보고 대화하고, 서양에서는 입을 보고 대화하는 성향이 강하다. 그래서 웃는 모습을 나타내는 이모티콘도 우리는 눈을 강조한 ^^으로, 서양에서는 입을 강조한 :) 을 자주 사용한다. 우리가 자주 사용하지 않는 윙크에 대한 표현. ;) 이는 그저 우리와 다를 뿐 틀린 것이 아니다. 상대방을 바라보는 관점도 이해하는 관점도 마찬가지다.

세계적인 골퍼 박세리 선수가 중학교 때 일이다. 온종일 스윙 연습을 하고 마칠 시간이었다. 박세리 선수의 아버지가 수고한 딸을 픽업하러 왔다. 온몸이 천근만근인 박세리 선수는 당연히 아빠와 함께 편하게 자동차로 집으로 가는 것으로 알고 있었다.

하지만 박세리 선수의 아버지는 그렇지 않았다. 연습장에서부터 집까지 혼자 걸어오라고 하신 것이다. 골프는 하체가 중심을 잡아줘야 하는데 하체 운동을 따로 할 필요 없이, 집까지 걸어오는 것이 하체 운동이며 이것이 하루를 마무리하는 것이란다.

고된 훈련만으로도 이미 지쳐있었을 중학생의 몸으로 혼자 어둑어둑한 밤길을 걸어오라니. 하지만, 박세리 선수는 매일같이 묵묵히 그 길을 걸으며 정상에 도달하기 위한 마지막 고개를 넘었다. 스스로 한계를 뛰어넘으려는 노력이다. 그렇다면, 나의 성장을 가로막고 있는 것은 무엇일까? 나는 그것을 넘어서기 위해서 무엇을 해야 하는가?

평범한 우리에게 박세리 선수 같은 한계를 뛰어넘는 방법을 똑같이 적용한다면 쉽게 포기하거나 시도조차 하지 않을 수도 있다. 우리는 우리의 현실에 맞는 방법을 사용해야 한다. 상대방의 다름을 인정할 수 있는 마음을 기르기 위해, 반대로 몸을 많이 사용하는 방법도 도움이 될 수 있다.

평소 습관을 바꿔보려는 노력도 필요하다. 아침 산책, 만보 걷기, 조깅, 헬스 등 평소 하지 않은 운동을 통해 몸의 긍정적인 변화와 상쾌함을 느낄 수 있다. '극과 극은 통한다'처럼, 정반대의 몸을 쓰는 것을 통해 우리에게 마음의 근육이 생길 것이다.

급할수록 돌아가라

군자란은 씨를 뿌리고 평균 4년 정도 지나야 첫 꽃을 피운다. 4년 동안 군자란은 꽃을 피우기 위해 물과 거름을 통해 뿌리를 내리고 쉼 없이 준비한다. 비록 꽃이라는 결실을 내놓기까지 아무런 외관상 변화가 없어 보이겠지만 말이다.

우리도 마찬가지다. 나의 한계를 뛰어넘는 성장을 위해 멈춘 것처럼 보이지만 그 역시 성장의 과정이다. 내 노력이 점수로 매겨질 수 없지만, 어느 순간 나는 꽃을 피울 것이다. 멈춤이 'all stop'을 의미하는 것이 아니라, 주변을 둘러보고 상황을 객관적으로 보는 한 단계 성장하는 디딤돌이 되는 것이다.

멈춤은 전진이다.

시선의 변화,
새로운 시작!

염
선
빈

떠오르는 가상화폐의 전문적인 컨설팅을 진행하며, 대다수의 사람들은 코인에 대해 잘 알지 못하기 때문에 지식이 부족하거나 궁금한 부분들을 채워드리고 세심한 노력을 통해 대한민국 가상화폐 시장의 전문가로 자리매김 하고 싶습니다.
duatjsqls97@naver.com

사과 두 알과 포도 한 송이를 가진 당신은 문득 고기가 먹고 싶어졌다. 사슴 사냥에 성공한 당신 친구는 마침 과일이 당긴다. 사과와 포도를 고기와 물물교환한다면 과연 어느 정도 크기의 고기와 맞바꿀 수 있을까? 그리고 여기, 사냥은 못하지만 대신 창과 화살은 기가막히게 만드는 친구가 있다. 그는 무기를 만들어주는 대신 얼마만한 크기의 고기를 얻을 수 있을까?

과거 우리는 물물교환이라고 하는 절차를 통해 서로 원하는 물건을 구하였다. 하지만 수백 가지 물건들의 가치를 정확히 판단해서 교환하는데 점차 어려움을 느끼게 되었고 그래서 어떤 상품의 가치를 비교하는 수단으로서 화폐가 등장했다. 돈의 겉모습은 수 세기에 걸쳐서 동전, 지폐, 디지털 화폐 등으로 변해왔지만 본질은 바뀌지 않았다. 돈이란 결국 실물을 좀 더 편히 구매하기 위한 수단이다.

생각의 전환, 시선의 변화

물물교환 체제에서는 단순히 먹고 사는 것이 목적이었다. 하지만 화폐가 생기고부터 재산 축적의 의미도 생겨났다. 그리고 역사적으로 늘 그래왔듯 재산의 축적은 늘 불평등했다. 지배자 계급과 피지배자 계급으로 나뉘게 되는 것이다.

재산 축적을 목적으로 할 때의 상황을 보면 물물교환 방식은 한계가 분명하다. 대게 음식이 많은데 언젠가 썩어버리거나, 부피가 너무 큰 것이다. 가치 환산도 어렵다. 돌이나 뼈, 조개껍질과 같은 유사 화폐는 파손될 위험도 높다. 그렇기 때문에 결국 금속으로 올 수 밖에 없었다. 이렇듯 화폐의 변화는 시대의 흐름과 맞물려 편리성, 효율성, 가치성 변화에 발맞춰 변화해왔다. 모든 진화의 과정이 그렇듯이 불편함에서 시작하여 편리함을 위한 진화와 발전을 이어오고 있다.

물물교환 → 조개껍질, 쌀 등 → 금속화폐(은화, 금화 등) → 지폐, 수표 → 카드 → 가상화폐

화폐는 점점 편의를 위해 발전해 왔다. 우리는 지금 가상화폐라는 또다른 변화의 길목에 서있다. 요즘 젊은 세대는 휴대폰에 카드를 등록해 결제한다. 굳이 번거롭게 지갑을 들고다닐 필요가 없게 된 것이다. 이렇게 원시 사회에서부터 효율성과 공정함, 편리를 추구해온 우리 인류는 조개껍질로 시작해 오늘날 보이지 않는 가상화폐에 이르렀다.

현실감 떨어지는 현실

요즘 국내 가상화폐 거래소에서 하루 거래액이 30조 원을 넘는 등 국내외에서 가상화폐에 대한 관심이 굉장히 높아지고 있다. 전기차 업체 테슬라가 비트코인으로 전기차를 구매할 수 있도록 하겠다고 밝혀 가상화폐의 대중화가 앞당겨질 수 있으리란 말도 나온다.

천문학적인 금액이 가상화폐 시장에 들어와 있다는 사실도 놀랍지만 여기서 그치지 않는다. 최근 엘살바도르가 비트코인을 법정화폐로 인정하며, 실제로 국가의 화폐로 사용되기 시작했다. 비트코인을 법정화폐로 등록한 최초의 사례이기 때문에 각 국가의 전문가들은 좋지 않은 선택이다, 미래지향적인 선택이라는 등 의견이 엇갈리고 있는 상황이지만 항상 그래왔던 것처럼 문제점에 대한 부분을 보완해 나가며 적응해 나아가고 있다.

새로움 받아들이기

4차 산업혁명이 현실이 되면서 기업들은 이제 새로운 시대에 맞는 비즈니스 모델 혁신을 하고 있다. 더 빨리 생산하고 더 좋은 상품을 내놓던 과거와 달리 남들과 다른, 그리고 전과 다른 사업을 추진할 수 있는 비즈니스 모델을 수립하고 적용하여 '새로움'을 내놓는다.

세상과 인류는 현재까지 계속해서 변화해왔고 분명히 앞으로도 끝없이 발전할 것이다. 때문에 우리는 계속해서 변화에 민감해져야 하고 새로움을 받아들일 준비가 되어있어야 한다. 경계심을 허물고 관점을 바꿔보자. 세상은 기다려주지 않는다. 우리가 받아들이고 변화할 뿐이다.

전문가와
프로의 차이

윤
은
정

바쁜 일상 속 본연의 아름다움을 잃고 삶에 지친 사람들에게 행
복한 삶의 생기를 더하는 힐링M대표. 사람들에게 건강과 풍요,
나눔을 사명으로 선물하는 라이프케어리스트입니다.
j311901@naver.com

흔히 혼용해서 사용하는 단어들이 있다. 전문가와 프로, 강의와 강연이 바로 그것이다. 사전적 정의 또한 비슷하기 때문에 같은 의미를 내포한 것처럼 보이지만 각 단어들이 가진 본질적인 의미는 다르다. 이 차이를 인식하는 것은 중요하다. 어떤 가치를 추구하는지에 따라 삶의 방향성과 가치관까지도 달라질 수 있는 까닭이다.

전문가와 프로의 차이

어떤 분야에 오래 종사하여 상당한 지식과 경험을 가

진 이를 '전문가'라 부른다. 그리고 전문 지식이나 기술을 가진 사람을 '프로(professional)'라고 한다. 전문가는 청중에게 학습된 지식을 전달하는 사람이다. 새롭게 알게 된 지식을 본인의 것으로 소화해, 지식 컨텐츠 개발해 제공하면 전문인으로서 가치를 인정받을 수 있다.

하지만 프로는 다르다. 프로는 지식과 경험을 결합해 나 스스로가 컨텐츠가 된 것이다. 어떤 분야에 대해 학문적으로 아는 것에서 그치지 않고 삶과 가치관에 녹아들어야 한다. 경험을 통한 삶의 내공 그 자체가 프로이다. 마음만 먹으면 모두가 전문가가 될 수 있지만, 아무나 프로가 될 수 없는 이유다.

이미 각 분야의 전문가로 자리 잡고 있다면, 그 위치에 만족하지 않고 프로로 거듭나야 한다. 내가 뱉은 말대로 삶을 살아낼 때 전달하는 지식의 가치도 생명력이 더해지기 때문이다.

누군가에게 한 달 동안 집중적인 교육을 통해 지식을 주입한다고 가정해보자. 지식을 완전히 습득한다면 청중에게 전문가로 강의를 할 수 있다. 하지만 강연을 할 순 없다. 단기간 내에 프로의 경험을 모두 자신의 것인 마냥 체득하긴 어렵기 때문이다. 그렇다면 강의와 강연은 무엇이 다를까? 왜 프로만이 강연을 할 수 있는 것일까?

강의는 '학문'을 가르치고 배우는 것이다. 그런데 인간이 기억할 수 있는 지식의 양에는 한계가 있다. 새로운 지식을 습득하는데도 시간이 걸리고, 한 번 습득했다고 해서 완전히 내 것으로 남아있지 않다. 문제는 노화로 인해, 학문을 받아들이는 속도가 더뎌진다는 점이다. 즉, 나를 대신하여 전문가로서 강의를 할 수 있는 사람들은 무수히 많다.

하지만 강연은 강의와 다르다. 강연은 단순히 지식을 전달하는 강의가 아니다. 전문적인 주제와 관련하여 본인의 경함이 지식과 함께 전달되는 것이다. 그렇기 때문에 지식을 전달하는 강의에 그치는 것이 아니라, 강연자 본인의 체험과 지식을 함께 녹여 살아있는 '정보'를 전달하는 것이 중요하다.

쓰나미처럼 전문가가 범람하는 시대

플랫폼 비즈니스 시대는 수많은 1인 기업가들을 양상해내는 계기가 되었다. 공급자가 구축한 네트워크로 참여형 소비자들이 모여들고, 그 플랫폼 안에서 또 다른 컨텐츠 제공자가 되어 수익을 창출할 수 있게 된 것이다. 유튜브 크리에이터처럼 말이다.

이러한 1인 기업가들은 뷰티, 일상, 건강 등 다양한 정보들을 빠르게 습득하고, 습득한 정보를 콘텐츠화에서 사람들에게 전달한다. 제공한 정보가 사람들의 사랑을 받으면 어느 순간 나는 해당 분야에 전문가로서 사람들에게 인정을 받는다. 이는 해당 학문에 대한 지식과 학위가 있어야 인정받는 시대는 이미 끝났다는 사실을 의미한다.

오늘날에는 본인이 관심있는 분야에 대해 조금만 관심을 두고, 노력한다면 사람들에게 인정받는 전문인 타이틀을 얻을 수 있는 것이다. 이러한 상황 속에서 남과 다른 나만의 경쟁력을 갖추기 위해서는 전문가가 아닌 프로로서 거듭나야 한다.

가상세계와
현실을 넘나드는
새로운 세상

장
우
현

블록체인 비즈니스 모델과 서비스 기획 컨설팅, 커뮤니티 마케팅을 하고 있습니다. 디지털 시대의 갈림길에서 블록체인을 활용한 비즈니스로 클라이언트의 니즈 충족을 위해 노력하고 있습니다.

shoocrim@gmail.com

2019년 찾아온 코로나 19는 우리의 삶의 많은 부분을 변화시켰다. 그동안 우리는 만남을 가장 좋은 소통수단이라 여겨왔다. 낮에는 회의실에 모여 머리를 맞대고, 퇴근 후엔 고깃집에서 술잔 함께 기울였다. 강의실에 다 같이 모여 배움을 청했고, 카페와 공원에서 여럿이 어울리며 관계를 이어나갔다. 이렇게 서로 얼굴을 마주하며 소통하던 시절에도 물론 언택트 세계는 존재했다.

카페, 식당, 강의실, 사무실, 공원 등에서 여럿이 만나 어울려 놀고, 공부하며, 일하는 삶의 방식을 최고라 믿었다. 이랬던 우리들이 코로나 19로 인해 하나의 물리적 공간에 함께 머물기 어렵게 되면서 언택트세계인 메타버스가 등장하였다.

이전부터 존재했던 언택트 세계, 메타버스

빠른 속도로 우리 사회의 일반적인 문화로 자리 잡고 있는 언택트(untact)세계는 '접촉을 뜻하는 콘택트(contact)'와 반대를 뜻하는 '언(un)'을 합쳐 만든 신조어다. 비대면, 원격교육, 줌, 웹 엑스, 이런 키워드들은 2019년 말까지만 해도 낯선 개념이었는데, 불과 몇 달만에 일상의 단어로 스며들었다. 언택트 세계는 기존에 없던 새로운 세계는 아니다. 코로나 19 이전에도 언택트 세계는 현실 세계와 공존했다.

우리의 일상생활 기록을 소셜미디어에 올리고 서로 '좋아요' 버튼과 댓글로 소통했으며, 사이버대학에서는 비대면으로 공부를 해 왔다. 글로벌 기업들은 해외 법인들과 각종 화상회의 도구와 협업 툴을 가지기고 일해 왔다. 코로나 19 이전부터 존재해왔던 이런 언택트 세계를 메타버스(metaverse)라 부른다.

스마트폰, 컴퓨터, 인터넷 등 디지털 미디어에 담긴 새로운 세상, 디지털화된 지구를 메타버스(metaverse)라 부른다, 메타버스는 초월, 가상을 의미하는 메타(meta)와 세계, 우주를 뜻하는 유니버스(universe)의 합성어로 현실을 초월한 가상의 세계를 의미한다. 즉, 디지털 기술로 현실 세계를 초월해서 만들어낸 여러 세계를 메타버스(metaverse)라 할 수 있다.

메타버스는 이미 우리 곁에 있었지만, 코로나 19 이전까지는 현실 세계를 더 가치롭게 여겼다. 이제는 아날로그 지구, 물리적 지구에서만 머물기 어렵도록 메타버스는 우리에게 다가왔고, 많은 이들이 메타버스의 의미와 매력에 빠져들었다. 앞으로 우리의 일상생활, 경제, 문화 등 사회 전반에 걸쳐 점점 더 확장해 가리라 확신한다.

물론 메타버스가 현실 세계, 즉 물리적 지구를 완전히 대체하지는 못할 것이다. 그러나 물리적 지구는 앞으로 디지털 지구와 함께 할 것이다. 인류는 이제 두 군데 땅에 발붙이고 살아야 한다는 뜻이다. 아직도 물리적 지구에만 머물기를 고집한다면 메타버스에서는 고립되고 말 것이다.

증강현실을 통한 새로운 세계

2000년 초반 현실 세계의 모습 위에 가상의 물체를 덧씌워서 보여주는 기술이 증강현실의 시작되었다. 몇 년 전 엄청난 인기를 끌었던 스마트폰 게임 '포켓몬고'가 대표적 케이스다. 거리를 지나갈 때, 특징 건물을 들어갈 때 스마트폰에서 포켓몬 앱을 실행하면 현실 배경에 나타나는 포켓몬을 수집하는 단순한 게임이다.

처음 이 게임을 접한 이들이 느낀 감정은 신기함이었다. 스마트폰을 통해 보면, 눈에 보이지 않던 이미지가 현실의 배경 위에 오버랩되어 나타나는 마법 같은 모습에 놀라워하였다.

증강현실 콘텐츠는 마치 현실 공간을 배경으로 평행우주 속 다른 지구에서 살아가는 듯한 체험을 하게 만든다. 증강현실은 두 가지 가치를 우리에게 준다.

첫째는 판타지로, 길거리를 다니다가 만화 속 포켓몬을 만나 잡고, VR 헤드셋을 끼고서 레이싱을 하고, 놀이기구를 타는 경험을 할 수 있다.

둘째는 편의성이다. 자동차 앞 유리에 길 안내 이미지가 나타나는 HUD, 각종 예능프로그램의 자막, 효과음 등은 우리가 주의를 많이 기울이지 않거나, 깊게 생각하지 않아도 우리에게 많은 정보를 편하게 전해주는 요소이다.

가상세계와 현실의 관계

인간의 왜 현실 세계를 두고 굳이 가상 공간을 자꾸만들까? 인간에게 메타버스는 거대한 모방의 공간이다. 상상 속의 이야기를 모방한 증강현실 세계, 서로의 삶을 기록으로 모방하는 세계, 현실의 구조물과 관계를 모방하는 세계, 자신이 살아온 세상에 상상력을 더해 모방한 세계, 메타버스는 결국 모방을 통한 놀이의 공간이다.

놀이를 좋아하는 인간의 속성이 변하지 않는 이상 더 다양한 메타버스가 끝없이 등장하며 그 영역을 넓혀 갈 것이다. 메타버스가 현실을 복사해가고 있는데 현실과의 관계는 어떠할까. 메타버스는 현실을 선명하게도, 희미하게도 하는 양면성이 있다고 볼 수 있다.

사람들은 메타버스 안에서 콘서트를 하고, 공부하고, 회의도 한다. 메타버스가 없었다면 코로나 19 상황에서 우리의 삶은 더 희미해졌을 것이다. 졸업 후 연락 한번 주고받지 않았을 친구들과도 댓글과 이모티콘으로 감정을 나누는 메타버스 속 감정교류가 있기에 현실의 끈을 조금은 더 단단하게 잡아주기도 한다. 반면 인간이 느끼는 현실 세계에 대한 두려움을 가중시켜 현실 세계에 대한 면역력을 떨어뜨린다.

메타버스가 현실을 완전히 대체해서는 안 된다. 혹자들은 인공지능 시스템과 뉴럴링크가 만드는 메타버스 세상 속에서 살아가기를 꿈꾸는 이들이 있다. 어찌 보면 현실적 속박에서 벗어나 더 깊은 정신세계에서 사는 것처럼 보이지만, 현실 세계에 대한 탐구나 도전을 포기한 것일 뿐이다. 인간에게 정신이 없다면 현실은 무의미하겠지만, 현실 없이 우리의 정신도 존재할 수 없다. 그러므로 현실과 가상현실 세계는 공존해야 한다.

사소함이
바꾸는 세상

장
진
수

기존과 다른 새로운, 편안한 자리에서 근무할수 있는 사무환경을 만들기 위해 제품을 개발하고 있습니다. 모든 사람들이 사무환경을 친근하게 느끼고 좋아할 수 있도록 끊임 없이 달려가고 있습니다.
fur010433@naver.com

1919년 헝가리 기자, 라슬로 비로(Bíró László József)는 매번 글을 쓰며 불편함을 느꼈다. 뾰족한 만년필 때문에 종이가 찢어지고, 잉크는 자주 샜던 것이다.

하루는 라슬로가 물 묻은 공이 굴러가면서 자국이 남는 것을 보고 아이디어를 얻어 볼 형태의 펜촉을 만들었다. 화학자였던 동생 죄르지는 잉크가 새지 않도록 점성이 있는 끈적한 잉크를 개발했다. 오늘날 우리가 흔하게 쓰는 볼펜의 탄생이다.

주로 여성들이 화장할 때 쓰는 '쿠션 팩트'에도 히스토리가 있다. 이전에는 고체나 튜브 타입의 파운데이

선을 사용했는데 아모레퍼시픽 직원이 스탬프 잉크가 고르게 찍힌 주차증을 보고 아이디어를 얻어 찍는 방식의 쿠션 팩트를 개발하게 되었다고 한다.

이처럼 주위에 사소한 것을 관찰하고, 생각하는 것으로부터 우리의 삶을 한층 편리하게 해주는 물건들이 발명되기도 한다.

관점과 고정관념 그리고 가구

일반 서민들이 일상생활에서 널리 의자를 쓰게 된 시기가 약 18세기때부터다. 300년 역사를 가지고 있는 의자는 수많은 형태와 디자인으로 늘 우리 주위에 있어왔다.

디자인 의자의 시초, 현대 의자산업에 큰 영향을 주었던 의자가 있으니, 바로 '토네트 의자'다. 독일 목재 기술자 미하엘 토네트(Michael Thonet)가 만든 의자다. 기존 목재 의자는 직선의 형태에, 깎아서 만들기 때문에 부피도 크고 제작 기간도 길었다. 하지만 미하엘 토네트는 원목을 증기로 찐 후 금형 틀에 끼워서 구부리는 밴딩 기법을 개발했고, 최초로 곡목의자를 만들었다. 이 최초의 곡목의자는 디자인적인 변화뿐 아니라 대량생산이 가능한 최초의 조립형 의자이기도 하다.

톤(TON) 브랜드의 <NO.14 Chair>는 현재까지 약

8,000만대 정도 판매가 된 베스트셀러다. 현재까지도 까페에서 사용되는 의자들은 대개 이 디자인을 본 따 만들 정도로 인기가 많다. 직각 형태의 원목을 구부리고, 나사와 부품으로 조립형태의 의자를 만든 것은 기존에 가지고 있던 고정관념을 벗어난 새로운 혁신이라고 볼 수 있다.

이러한 혁신을 통해 의자 업계가 성장하면서 새로운 관점을 선보인 의자가 있다. 바로 허먼밀러(HermanMiller)사의 <에어론 의자(Aeron Chair)>다.

1905년에 설립된 허먼밀러사는 디자인적인 가구가 넘쳐나던 시대에 기능적이고 합리적인 디자인으로 가구의 새 패러다임을 열었다. 오늘날 사무환경의 기본이 된 가구를 보급하면서 미국의 기업 풍경을 바꾼 회사로 명성이 높다. 모든 직원에게 책상과 의자를 제공해주는 문화, 밝은 컬러, 칸막이 등을 예로 들 수 있다.

1994년 출시된 에어론 의자는 출시 당시엔 괴상한 디자인으로 혹평을 받았었다. 하지만 첨단과학이 결집된 이 의자에 편리함에 사람들은 생각이 바뀌었고 현재까지 약 600만대가 팔렸고 여전히 허먼밀러의 베스트셀러로 자리잡고 있다.

허먼밀러의 브랜드 파워는 관찰에서 나온다. 소비자가 원하는 제품이 아닌 정말 그들이 어떻게 행동하고 원하는게 무엇인지 면밀히 관찰하고 제품을 만든다. 또한 가구 업계 최초로 주문이 들어온 즉시 생산해서 판매하는 방식을 도입했다. 자동차 이외의 업계에서 최초라고 한다.

이러한 노력과 새로운 관점으로 사물을 바라봤기 때문에 지금까지도 업계에서 제일 가는 회사가 아닐까 한다.

이렇듯 이 세상에는 많은 형태의 의자가 존재한다. 하지만 의자의 가장 원초적이고 근본적인 목적은 사람이 걸터앉는 데 쓰는 기구라는 점이다. 원목가구에 새로운 혁명을 불러일으킨 <토네트 의자>와 사무용 가구의 시초인 <에어론> 역시 그들만의 새로운 관점과 고정관념을 이겨내고 성공한 제품이지만 두 제품 모두 기본적으로 앉을 때 편안함을 준다는 점은 부정할 수 없다.

기능과 디자인이라는 두 마리 토끼를 잡는 그런 의자, 이 두 가지 이상으로 소비자에게 가치를 줄 수 있는 의자를 만들기 위해 오늘도 새로운 시도를 이어하고 있다. 의자를 바꾸는 관점이 아니라 관점을 바꾸는 의자를.

새로운 습관으로
지금 하는 일을
가슴 터지게 시작해보자

**정
다
겸** 인천시교육청 교육행정공무원, 자기계발을 통해
자신을 변화시키고 성장을 원하시는 분들에게
도움을 드리고 싶습니다.
ershu02@naver.com

가슴 뛰는 일을 하고 싶다. 20대, 사회진출을 앞둔 청년들의 흔한 바람이다. 가슴 뛰는 일. 나를 설레게 만드는. 어쩌면 행복, 성공의 다른 말인지 모르는. 아직 사회생활을 모르는 청춘들이 흔히 가질 법한 환상이 아닐까. 가슴이 뛴다는 것은 흥분되고 설렌다는 의미고, 행복의 다른 말처럼 보일 수 있다.

잘하는 일을 할 것인가, 좋아하는 일을 할 것인가. 좋아하는 일을 하면 좋겠지만 현실적으로 좋아하는 일을 찾기란 쉽지 않다. 특히 좋아하는 일만 좇다가 실패하는 경우도 많다. 이유란 여러 가지가 있겠지만 근본적으로는 아마추어 때와 프로 때는 완전히 다르기 때문이다.

아마추어 시절에는 책임질 일도 거의 없고, 결과에 대한 부담감도 적으며, 경쟁에 대한 압박감도 느낄 필요가 없다. 그러나 프로의 세계에 진입하는 순간 엄청난 경쟁체제에 휩싸이면서 결과에 대한 압박감이 어마어마하게 다가온다. 진로를 택할 때 아마추어 시절의 경험만으로 프로가 되려다 보니 실패한다. 난 이거 아니면 안 되겠다며 호기롭게 도전했는데 막상 접해보니 생각과 다른 것이다.

평범한 내가 '잘하는 것'이 있을까

게임을 온종일 즐기다 보면 내가 이걸 정말 좋아하는구나 싶다. 그러나 막상 프로게이머가 되면 아마추어 때와는 다르게 게임 자체를 즐기지 못하게 된다. 그때부터는 게임을 즐기는 것이 아니라 오로지 분석과 반복 숙달만 되풀이할 뿐이다. 그 반복이 힘들어 대부분 포기하고 만다.

그럼에도 불구하고 우리는 덕업일치에 성공한 사람이나, 좋아하는 일에 미쳐 1인자가 된 사람들의 인터뷰를 종종 접한다. 그 조차 내가 생각했을 때 어떤 기준에 따라서 좋아하는 일인가를 아는 게 필요하다. 진로를 택할 때 주변에서 흔히 가슴 뛰는 일, 그래서 정말로 평생을 걸쳐서 내 시간을 투자할 만한 일인지 생각해볼 필요가 있다.

필자가 공무원이라는 직업을 선택했을 당시에는 교육계에 이바지하겠다는 사명감과 기대에 부풀어 있었다. 그러나 정작 발령을 받은 첫날, 수입과 지출의 1원 한 장의 차이도 용납할 수 없는, 그리고 학교의 예산을 송곳처럼 세심하게 들여다보고 지출하는 기계 같은 업무를 보고 소위 말하는 '멘붕'에 빠졌다.

당시 늦은 나이에 어렵게 공무원이 되었기에 이것 아니면 당장 할 것이 없다는 생각에 야근도 밥 먹듯이 했다. 주위 학교 선배, 동기들에게 물어 물어가면서 열심히 일도 배웠다. 정신없이 업무에 적응하다 보니 어느 순간 이왕 시작했으니 이 일을 좋아하게 만들고 잘해보자는 생각이 들었다.

막연히 동경해오던 일도 막상 들어가 보면 별것이 아닐 수 있다. 그래서 어느 분야든 일단 시작해보는 것도 좋은 방법일 수 있다. 수많은 책과 매체에서 가슴이 뛰는 일을 하라고 조언하지만 정작 이 세상에 처음부터 가슴이 뛰는 일이 얼마나 될까? 그 일을 시작할 때부터 가슴이 뛰었는지, 그 일을 하다 보니 뛰게 되었는지도 생각해 볼 필요가 있다.

처음부터 가슴 뛰는 일은 드물다. 일을 시작하다 보

면 성과가 보이고 성취감이 생기고 결과가 보이면서 그 일에 대해 가슴이 뛰기 시작할 것이다.

잘하는 일을 하라

고대 그리스인들도 현대의 우리들처럼 인간의 즐거움과 큰 만족은 어디서 오는가에 대해 고민을 했다고 한다. 결론적으로 그 만족은 '잘하는 것'에서 온다.

하지만 정작 우리는 생각보다 자신에 대해서 잘 알지 못한다. 어떤 것을 좋아하고, 또 어떤 것을 잘하는지.

자신의 강점을 파악하기 위해서는 부단히 배우며 자신을 들여다봐야 한다. 다양한 경험을 통해 내가 잘하는 일을 찾아봐야 한다. 궤도에 오르기 위해 평범한 가운데 주어진 나의 경험, 강점들을 발견하고 잘 조합하고 매진해보다 보면 '평범함'에 시간과 열정이 더해져 '특별함'이 생긴다.

인공지능이 인간의 일을 대체하고 있고, 기술의 혁신 주기는 점점 짧아지고 있다. 급변하는 상황 속에서 우리는 지금처럼 일해도 좋을지, 오랫동안 재미있게 일하려면 무엇이 필요한지, 나만의 경쟁력을 어떻게 만들어야 하는지 등 풀리지 않는 고민을 안고 살아가고 있다.

미래 변화의 물결에 휩쓸리지 않고 섣부른 예측보다

더 효과적으로 미래를 대비할 방법은 새로운 일을 시도하고 도전하는 태도로 변화를 잘 받아들이도록 하자. 관습에 도태될 것이 아니라 새로운 습관을 만들고 무엇이 되었든 미친 듯이 몰입해서 가슴 뛰는 일로 만들어 보면서 지속 가능한 성장을 이루며 나만의 경쟁력을 갖춰가자.

우리가
머물렀던
익숙한 세상

정
미
선 오랜 시간 수영과 스키등 아이들을 가르쳐온 베누스타 스포츠
단장. 디지털 온라인 세상에서 플랫폼 사업을 통해 세상을 바
꿔보려 도전하는 리더 글로벌석세스빌더이다.
sun7484@hanmail.net

얼마 전 만난 지인의 근황을 듣고는 한동안 무거운 마음을 감출 수가 없었다. 아이 아빠가 공군을 하다 고민 끝에 항공사 파일럿을 지원했는데, 코로나로 그만 회사의 사정이 나빠져 비행기를 몰 수 없는 상황이 되었다고 한다. 요즘 이렇게 예측하지 못한 일상생활의 변화가 생기는 주변인들을 자주 본다.

필자도 마찬가지다. 10년 넘게 수영학원을 운영 중인데, 돌이켜보면 늘 위기는 반복되었다. 한때 수영은 특별한 몇몇의 아이들만 개인레슨을 받는 운동 종목 이였다가 초등 정규 수업과정으로 정해지면서 영어 수학

만큼이나 누구나 선행을 필요로 하는 필수적 종목이 되기도 했었다. 그러나 수영학원을 운영하면서 신종플루나 메르스 같은 바이러스가 터질 때마다 큰 타격을 입었고, 지금 같이 끝을 알 수 없는 코로나 시대엔 생계에 위협을 느낄 정도다.

달라지는 직업의 형태

배운 자와 못 배운 자의 차등을 겪은 옛 세대. 자식들 교육과 학벌에 올인하는 지금 세대. 이러한 사회적 변화의 흐름 속에서 오랫동안 의사나 박사, 교사, 변호사 등 소위 말하는 '사'자 타이틀은 그 가치를 인정받아 왔다. 지금도 여전하긴 하지만 이제 그들은 인공지능의 놀라운 발전과 다양하게 생겨나는 새 직업들로 인해 그때와는 다른 위치에 놓이기 시작했다. 또한 누구나 자신만의 것을 가지고 돈을 벌기 위해 시작하던 자영업도 이젠 더이상 선호받지 못하는 우려하는 선택이 되어가고 있다.

2010년 기준 우리나라 자영업자 비율은 OECD 평균의 2배나 된다. 더구나 앞으로 은퇴할 베이비 부머 세대 700만명 중 30% 정도가 추가로 자영업에 뛰어들 거라고 예측하고 있는데 즉 현실에서 앞으로 생계유지도 어려워질 수도 있다는 전망이다.

코로나를 우리는 온몸으로 겪고 있다. 최악의 경제 상황에 몰리는 사람들이 속속들이 드러나고 있고 한계 가정들이 넘쳐나고 있는 상황이다. 제아무리 석박사 학위가 있어도 명함 한번 내밀지 못하는 세상이 되어 가고 있고 맞벌이로도 충분한 미래를 보장받을 수 없는 세상이 왔음을 이미 다들 느끼고 있다.

변화하는 세상에 촉을 세워본다. 별다를 것도 없어 보이는, 그저 맛있는 음식만 찾아다니는 먹방 프로그램. 아이들과 놀러 다니며 육아 경험을 나누는 육아 프로그램. 리얼리티 취미와 생활을 통해 세상에 본인을 드러내며 성공 부자가 되어가는 1인 미디어 시대가 오고 있다.

세상이 바뀌고 트렌드가 바뀌는 세상을 맞이하는 자세는 어떠한가? 자본이 기존과 다른 영역에 몰리는 세상이다. 그렇다면 변화하는 세상 속에서 충분히 고민하고 미래를 대비해야 하는 것이 우리가 지금 미루지 말고 해야 할 일일 것이다. 세상의 트렌드에 맞는 삶을 선택하기 위한 노력을 하자. 지금은 생존의 시대이다.

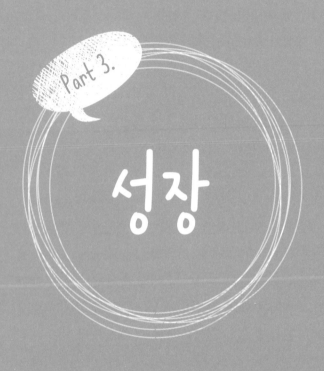

Part 3.

성장

대체 불가능한 공감과 창조로 의료경영하라!

김은진

대한민국 간호사. 경희대 의료경영 석사 졸업 후 강의, 코칭, 메디컬 칼럼니스트로 행복한 의료 조직 문화를 만들어 성과로 연결하는 일을 하고 있다. 의료계에 선한영향력을 전하는 방법에 대해 진지한 고민중이다.
kimeunjin_sophia@naver.com

한겨울에 감기 환자들이나 쓰던 마스크가 필수품이 된 시대다. 집합 금지가 내려졌고, 학교와 직장을 비롯하여 우리 주변의 많은 것들이 비대면으로 변하게 되었다. 개인들에겐 이 낯설고도 불편한 상황이 그럭저럭 몸에 익었지만, 여전히 중소기업과 자영업자들은 적응이 힘든 상황이다.

위기는 반복된다. 하지만 인류는 매번 위기를 슬기롭게 극복해왔다. 위기를 기회로 만든 이들의 공통점이 있다. 변화하는 상황을 바라보며, 흐름을 빠르게 인지하는 역량을 가졌다는 것이다. 현재의 어려움을 딛고,

과거보다 더 성장하며, 보다 밝고 희망적인 미래로 나아갈 준비가 되어있는가? 역사상 유례없는 이 대혼돈 속에서 의료계는 무엇을 해야 하는가?

빠르게 변하는 의료계, 어떻게 대응할 것인가?

코로나19 장기화로 전 세계적으로 다양한 산업군에서 비대면 시스템이 각광받고 있다. 그리고 의료계에서 그렇게 반대하던 원격진료에 대한 관심과 AI 의사 왓슨에 대한 관심도 함께 높아졌다. AI 의사 왓슨은 인간 의사들과 함께 암 환자 진료에 참여하며, 동시에 '병원 경영'에 대해 학습하며 경영자 과정도 밟고 있다.

이런 AI 의사가 왓슨뿐만 아니라 전 세계적으로 이미 수년 전부터 의료계에서 활약하며 인간 의사들의 역량을 뛰어넘어서고 있다. 여기에서 우리가 더 관심을 가져야 할 부분이 있다. 대부분의 환자들은 AI 의사에 대한 거부감이 없으며, 더 신뢰를 가지고 편안하게 대한다는 것이다. 이것은 곧 다가올 미래에서는 의료기관에서 의사뿐만 아니라 모든 직군들의 업무가 AI로 대체할 수 있음을 암시한다. 그렇다면 의료계에서 근무하는 사람들이 AI에게 대체되지 않는 방법은 무엇일까?

우리가 곧 마주하게 될 미래의 의료계에서는 의사를 비롯하여 많은 직군이 AI로 대체되어 사라질 것이라고 예언한다. 하지만 유일하게 간호 업무는 예외라고 말하고 있다. 그 이유는 AI는 타인의 입장에서 바라보고 마음을 이해할 수 있는 공감 능력이 없기 때문이다. 만약 인공지능을 갖춘 로봇 간호사가 근무하게 되면 모든 환자의 데이터를 실시간으로 분석할 수 있기에 AI는 통증을 주원인으로 판단하고 진통제를 권하겠지만, 인간 간호사는 수술을 앞두고 있는 환자가 밤에 잠을 못이루고 있을 때 불안함을 같이 공유하기 위해 노력할 것이다.

바로 이것이 AI와 인간의 가장 큰 차이점이다. 이제 의료계는 건강과 관련한 지식을 쌓는 것에서 만족해서는 안 된다. 의료계 내·외부 고객에게 울림을 줄 수 있는 가치와 신념을 가지고 의료의 본질에 더욱 집중하여야 한다. 인간의 질병을 예방, 조기 발견 그리고 치료를 통해 '인간 중심'의 의료를 실천하는 것이 진정한 공감의 첫 단계라고 할 수 있다.

지금도 수많은 의료계 종사자들은 자신의 위치에서 코로나19가 전파되기 시작한 그때부터 개인의 안위보다 타인을 먼저 생각하고, 공공의 선을 위해 자신을 희생하는 모습을 보여주고 있다. 이것은 AI가 절대 대체할 수 없는 인간 고유의 역량이다. 의료계 종사자들이 이타주의적인 삶을 살아가기에 다른 직군보다 공감 능력이 높을 수 있다. 하지만 사무적인 공감은 아무런 힘이 없다.

의료계에서 차별화된 공감 능력을 강화하기 위해서는 관점의 변화가 필요하다. 자신에게만 맞추었던 초점을 환자와 함께 근무하는 동료, 주변의 어려운 이들에게 맞추고 살아간다면 진정성 있는 공감 능력을 품을 수 있을 것이다. 나아가 공감 능력을 바탕으로 새로운 의료 지식과 기술을 통해 기존에 없었던 창조적인 혁신을 이끌어낼 수 있다면 의료계에 선한 영향력을 전하는 삶을 살아갈 수 있지 않을까?

공감 능력을 바탕으로 한 창조력을 펼치자!

의료계와 창조력? 어울리지 않는다고 생각할 수 있다. 하지만 누구보다 창조력을 갖추어야 할 곳이 의료계다. 의학적 지식만 높고 본다면 의료계에 종사하는 직군은 AI를 따라갈 수가 없다. 하지만 AI를 능가할 방법은 있다.

AI는 타인의 감정이나 사고를 타인의 입장에서 바라보거나 헤아릴 수가 없다. 하지만 인간은 다르다. 진정성을 품은 공감의 눈으로 의료계에 없었던 것을 새롭게 창조해낼 수 있다. 많은 환자가 공통적으로 불편을 느끼는 부분을 창조적인 상상력으로 혁신할 수도 있다.

다음 사례를 보자. 정형외과에서 간호사로 근무했었을 때, 다리 수술한 환자가 캐스트(cast)로 인한 불편함을 밤낮으로 호소했다. 골절상을 입으면 흔히 '통깁스'라 부르는 것이 '캐스트'다. 당시엔 캐스트로 인한 불편함을 해결할 수 있는 방법이란 진통제가 최선이라 여겼다.

그러던 어느 날 사고로 막상 캐스트를 직접 해보니 그 불편은 이루 말할 수 없을 정도였다. 발목이 좀 부어 있던 상태라 혈액순환도 안되고 붓기 때문에 발뒤꿈치가 심하게 저렸다. 수술 당일에도 수술을 받는 것보다 이 불편한 것을 어떻게 4주간 하고 버틸까 하는 고민이 앞섰다. 수술이 끝나고 정신을 차려보니 캐스트가 아닌 스스로 공기로 압력을 조절할 수 있는 의료용 에어부츠를 착용하고 있었다. 누가 만들었는지 정말 감탄을 했다. 그래서 이 정보를 환자들에게 적용하면 좋을 것 같다고 근무했던 병원 동료들에게 공유했다.

만약 의료계 종사자의 입장에서만 바라봤더라면 기존 캐스트가 당연한 정답처럼 보였을 것이다. 하지만 환자의 입장에서 경험을 해보니 공통적으로 말하는 불편함을 해결할 수 있는 방법을 찾게 되었다. 또 컴플레인을 하는 환자들을 대하는 태도까지 변하게 되었다. 이렇듯 의료계에서 발생하는 다양한 상황과 문제는 현장에 모든 답이 있다. 그것은 진정한 공감 능력으로 사람들의 불편함에 더욱 지속적인 관심을 가지고, 다양한 이해관계자들과 함께 의견을 나누고, 의학과 다양한 분야를 융합할 때 근본적인 대안을 찾을 수 있다. 즉, 의료계에서 공감 능력을 바탕으로 창조력을 펼칠 때 혁신을 이루게 될 것이다.

모두가 잠든 시간에도 끊임없이 기술은 진보하고 변화를 향해 나아가고 있다. 과연 의료계도 그 변화의 걸음에 함께 하고 있는가. 단순히 의료 기술의 발전만을 놓고 '진보'라 말할 수 있는가 자문해봐야 할 시점이다.

의료계의 빠른 변화는 더 많은 환자에게 희망적 소식을 전할 수도 있고, 우리의 자리가 AI로 대체될까 우려의 소리도 들린다. 하지만 우리는 반드시 기억해야 한다. AI가 아무리 뛰어나다고 해서 인간만이 가질 수 있는 고유 영역은 넘어설 수 없다는 것을 말이다.

그렇기에 의료계의 고유한 생명존중의 특성을 바탕으로 차별화된 공감 능력과 의료의 본질을 빛낼 수 있는 창조력을 강화할 수 있는 방법에 대해서 끊임없이 함께 연구하고. 공유해야 할 것이다.

역사상 유례없는 이 대혼돈 속에서 의료계는 무엇을 해야 하는가? 현재의 어려움을 딛고, 과거보다 더 성장하며, 보다 밝고 희망적인 미래로 나아갈 준비가 되어 있는가?

변화하되 변함없는 우리들 이야기

노
유
진

평범한 음식에 맛과 멋 이야기를 담아 새로운 가치를
창조해 드리는 푸드스토리텔러로 활동중입니다.
음식으로 세상과 소통하는 일을 도와드리는데 열정을
다하고 있습니다.
youjini2006@naver.com

음식의 역사는 인류의 역사와 함께 한다. 사냥과 채집을 통해 식량을 구했던 원시시대에는 식량 구하기가 어려웠고 양질의 식량을 얻기 위해 유목민 생활을 했다. 농사기술과 불의 발견은 인류의 식문화에 획기적인 변화를 이끌었다. 화식 문화는 인류에게 더 안전하고 맛있는 먹거리를 제공해 주었고 조리도구의 발전으로까지 이어졌다. 보리와 밀 등 농산물을 경작하고 야생 동물을 가축으로 키우면서 식량 생산량은 증가했다.

농업혁명은 인구의 증가와 함께 사회적 공동체의 결속에 중요한 역할을 했다. 그리고 식문화의 본격적인 발전으로 이어졌다. 품종이 개량된 야생의 밀은 품질이 더 우수해졌고 향상된 농업기술력은 생산량 증대와 발효 식품의 발전까지 이루어냈다.

새로운 발효기술의 대표적인 사례는 이집트 제빵사들의 발효빵 생산에서 찾을 수 있다. 또한 발전된 조리기술로 다양한 형태의 빵과 과자를 만들어 냈다. 이처럼 식문화의 발전은 정착 생활과 부족사회의 형성을 뒷받침해주는 좋은 사례가 된다.

중세시대에 이르러 무역로의 개척은 음식과 식문화의 교류가 활발하게 이루어지는 계기가 되었다. 무역로는 새로운 생물자원의 교류를 이루어주는 통로로서 중요한 역할을 했지만, 교역로를 통해 막대한 부를 축적하는 사람들이 생겨났고 이는 또 다른 계급사회를 탄생시켰다. 지금까지 원시인류가 음식을 통해서 문화인류로 변천되어 온 과정을 이야기했다.

거역할 수 없는 대세 4차산업혁명

'음식의 역사가 곧 인류의 역사'라는 말에는 우리 인류가 지금까지 줄곧 생존을 위해 부단히 애써왔다는 뜻도 담겨 있다. 경제, 사회, 문화 등 다양한 여건에서 어떤 문명은 살아남았고, 어떤 문명은 역사의 기록으로만 남았다.

음식의 변천사에 따른 인류의 역사는 생존의 문제였고 우리는 새로운 시스템에 적응하기까지 부단히 노력해 왔다. 산업 현장에서 과학의 발달과 기술혁신은 네 차례의 산업혁명을 이끌어냈고 인류의 삶은 더 편리하고 윤택해졌다.

1차, 2차, 3차 산업혁명은 새로운 일자리를 폭발적으로 늘렸다. 특히 3차산업혁명인 컴퓨터 혁명은 좋은 학력을 가진 사람들의 몸값을 수직 상승시켰다. 눈부시게 발전된 IT 기술력은 그 옛날 무역로를 통해 유럽과 아시아 대륙, 아메리카까지 생물자원들이 활발히 교류되었던 것과는 비교도 되지 않을 만큼 전 세계를 하나의 네트워크로 연결 지어놓았다.

하나의 지붕 아래 연결된 네트워크는 인적, 물적 교류와 함께 활발한 정보 교류가 실시간으로 이루어지고 있다. 그리고 그 안에서 보이지 않는 전쟁을 치르고 있다. 디지털 산업혁명은 인공지능으로 대표되는 4차 산업혁명이란 거대한 파도를 만나면서 좌초되었다. 인간들은 인간이 만들어 놓은 인공지능으로 인한 일자리 감소를 염려하며 미래에 대한 걱정과 불안으로 가득차 있다.

인간처럼 사고하는 지능형 로봇의 등장은 일의 효율성 측면에서 우리들의 삶에 분명 이득을 줄 것이다. 이러한 이득에도 불구하고 우리가 두려워하는 이유는 인공지능에 대체되어 자신의 일자리를 잃어버릴까 봐 그렇다.

실제 인공지능이 인간을 능가하는 사례는 다양한 직업군에서 드러나고 있다. 특히 좋은 학교를 진학해 졸업해야만 취득할 수 있는 직업군인 의사, 약사, 판검사, 변호사, 세무사, 회계사, 교사, 공무원, 기업임직원 등을 대체할 거라는 보고는 사회 전반에 큰 파장을 일으키고 있다.

하지만 생각해보면 인공지능을 이기려고 대결하고 대치상황을 연출하는 인간들의 시선은 옳지 않다. 기술의 발전은 어차피 인간의 편의주의에 의해 만들어진 성과물이고 이러한 성과물을 통해 우리가 얻고 싶은 궁극적인 목표가 있기 때문이다.

변화하되 변함없는 나를 만들자

18세기 영국의 산업혁명을 시작으로 인류는 고도의 기술력 향상을 통해 눈부신 경제성장을 이루어왔다. 그 과정에서 경제적 이윤과 사회적 지위는 얻었을지 모르지만, 과도한 욕심을 채우기 위해 인간 본연의 품성이나 태도를 잃어버렸다.

현대인들에겐 늘 '바쁜'이라는 수식어가 따라다닌다. 그리고 산업 현장에서는 여전히 안전을 위협하는 사고들이 곳곳에 도사리고 있다. 의료의 현장에서는 빅데이터를 통해 좀 더 명확한 진단과 치료를 원하는 환자들이 있고 법조계에서는 세심한 판례를 통해 한 사람이라도 억울한 사람을 만들지 않아야 한다. 이러한 측면에서 인공지능의 등장은 시대의 흐름에 부합하는 기술력 향상의 초 결정체라 생각한다.

자연에서 음식을 구하던 원시시대의 수렵과 채집 활동이 농사를 짓기 시작하고 불의 발견으로 조리도구들이 발전하면서 안정적으로 영양이 공급되었고 이는 인류의 수명연장과 두뇌계발에 좋은 영향을 미쳤다. 이러한 사례에 비추어 생각해보면 인공지능의 등장은 우리들 일상의 새로운 판을 만들 기회라고 할 수 있다.

원시시대의 인류가 불을 재앙으로 여기고 터부시하며 꺼트려 버렸다면 우리의 음식문화는 어떻게 되었을까? 여전히 생식하며 날것에 최적화된 인류로 현재까지 진화되어 왔을까? 호언장담할 수는 없지만, 현재의 음식문화는 절대 이루어질 수 없었을 것이다.

시대가 요구하는 거대한 흐름 즉, 변화의 중심축에 뛰어들어 변화하되 변함없는 나를 만들어야 한다. 인공지능이 결코 경험하지 못하는 인간관계를 토대로 감성이 충만한 인간 본연의 모습을 찾아보자. 이것이야말로 인공지능에 대체되지 않는 삶을 살면서 기계의 주인이 되는 길이다.

믿음,
날아오르다!

설
원

유아교육 전문가로서 유아들이 자존감 높은 창의융합
인재로 성장하도록 돕고 있다. 신체적, 정신적, 지적, 영적,
균형을 위한 긍정적 마인드셋을 구축하고 유지, 코칭하며 자존
감 높은 삶의 가치를 서비스하는 라이프밸런스 전문가이다.
seolone1@hanmail.net

　20여 년 전 학회에서 교육 관련 상호교류 프로그램
으로 뉴질랜드의 크라이스처치(Christchurch)를 방문했
었다. 세미나를 마친 후 퀸스타운(Queenstown)과 밀퍼드
사운드(Milford Sound) 여행 일정이 있었는데 마침 퀸스타
운으로 가는 길에 세계 최초로 번지점프(Bunge Jump)를
시작한 다리가 있었다. AJ 해킷(Hackett)이라는 사람이
세계 최초로 번지점프를 상업화한 상징적인 장소라는
데, 원주민이 발에 줄을 묶어 뛰는 성인식을 보고 착안
했다고 한다. 후에 알고 보니 바로 이곳이 영화 '반지의
제왕'과 '번지점프를 하다'를 촬영한 장소이기도 했다.

"절벽 끝으로 오라."
"할 수 없어요. 두려워요."

"절벽 끝으로 오라."
"할 수 없어요. 떨어질 거예요!"

"절벽 끝으로 오라."

그래서 나는 갔고
그는 나를 절벽 아래로 밀었다.

나는 날아올랐다.

-크리스토퍼 로그, <절벽 끝으로>

　　번지점프 사무실에는 흥겨운 음악과 함께 실시간 번지점프를 하는 영상이 보이고, 몇몇 사람들이 번지점프에 대해 질문하는 모습이 눈에 띄었다. 호기심 많은 나는 이 좋은 기회를 놓칠 수가 없어 덜컥 신청을 해버렸다. 체중을 재고 나에게 맞는 다양한 안전장비가 마련되었다. 무섭지 않냐는 주위의 걱정을 가볍게 물리치고 예기치 못한 사고에도 책임을 묻지 않겠다는 내용의 서류에 싸인까지 마쳤다. 만약의 경우 시신을 보낼 한국 주소를 쓰는 순간엔 잠시 멈칫했지만 이건 뭐 형식적인 것이니까, 라며 스스로 다독이고는 점프대로 향했다. 몸무게가 대문짝만하게 찍힌 접수증을 받아들었으니 점프대가 성큼 더 가깝게 느껴졌다.

내 몸에 로프를 묶으며 안내인이 어디까지 내려줄까 물었다. 머리만 젖게 할지, 상반신을 아예 푹 젖게 할지. 물에 닿을 듯 말듯하게 해달라고 주문하고 호기롭게 웃으며 발판으로 향했는데 이게 웬일? 꼼짝을 할 수가 없었다.

잔뜩 얼어 있는 나를 위로해주기는커녕 그는 무표정한 얼굴로 다시 한 번 더 기회를 줄 테니 이번에는 잘 뛰어보라고 한다. 순간 머리가 하얘지며 아무 생각도 할 수가 없다. "쓰리, 투, 원~~ (Three, Two, One~~)", 안내인의 외침이 아득하게만 들린다. 애원하는 눈빛으로 못하겠다고 이번에도 못 뛰어내리고 있으니, 그는 싱긋 웃으며 살며시 내 등을 밀어버린다.

나는 날아올랐다

뛰어내렸다기보다는 다리 아래로 떠밀려졌다는 표현이 정확할 것이다. 예상치 못하게 떠밀려 떨어진 바람에 갑자기 강물에 내던져진 나는 순간 깜깜한 어둠에 휩싸인 기분이었다. 암흑 속에서 나를 묶은 로프는

곡예를 하듯 위아래로 출렁출렁 흔들거렸다. 낙하하는 순간 피의 에너지가 둥글게 말려 솟구친다. 아득하다. 무섭다. 두렵다. 얼마나 시간이 흘렀을까? 아님 몇 초의 순간이었을까? 문득 내가 여기서 뭘 하고 있나 하는 생각이 들었다. 내가 무슨 바보 같은 일을 하고 있는 거지? 이럴 거면 왜 번지점프를 한 거야? 눈감고 이렇게 있겠다고? 나를 묶고 있는 튼튼한 로프는 나를 단단히 묶고 있으니 떨어질 염려가 없어. 만약 떨어진다 하더라도 만약의 경우를 대비해서 바로 아래 강에 구명보트와 함께 구조원이 타고 있잖아. 로프가 끊어진다 해도 그들이 나를 안전하게 구출해 줄 거야.

생각이 이에 미치자 나는 서서히 눈을 떠서 주위를 바라보았다. 햇살은 빛났고, 깊은 에머랄드 물빛과 푸른 숲에 어우러진 주위의 풍경은 말할 수 없이 아름다웠다. 강물은 지나간 시간의 흐름을 버리면서 유유히 흐르고, 온몸의 세포들이 바람 속에서 깨어나기 시작했다. 내 몸은 바람에 불려가서 소멸하는 아득한 시간 속으로 유영하고 있었다. 세상의 길들의 바람이 투명하게 세포 속으로 가득 흘러 들어온다. 살아있는 동안의 중량감은 사라지고, 시간의 가루들이 수억 만개의 물비늘로 반짝인다.

내 안에 흐르는 시간의 풍경도 저러할까? 경험하지 않은 새로운 시간의 맛이다. 세상에 갓 태어난 어린아이의 새로운 시간과 새로운 길이 내 앞에 놓여있다. 위아래로 흔들리는 로프는 마치 어린 시절 그네와 같이 아늑하고, 감미로운 미풍은 내 가슴 속 깊이 평화로 다가온다. 감사와 평화의 노래가 마음 깊은 곳으로부터 아득히 흘러나온다. 아직까지 한 번도 경험해보지 못한 근원을 알 수 없는 평화가 가슴 밑바닥에서부터 차오르더니 밀물처럼 온몸을 휘감는다. 충분하다. 더이상 바랄 것이 없다. 내 영혼은 충만했고 기쁨으로 온몸이 떨렸다. 나는 지금 그 광대무변한 세계에 온 존재가 접속하며 새처럼 자유롭게 날고 있다. 나는 한 마리 새다. 나는 자유다.

나는 자유다

　말로 표현할 수 없는 황홀을 경험하고 있는 사이 서서히 내 몸은 강물 가까이 내려졌다. 대기하고 있던 구조원에 의해 보트에 태워진 나는 언덕으로 올라가는 산기슭에 내렸다. 산비탈을 깎아 만든 오르막길은 계단으로 되어있다. 산비탈의 풀들은 제 향기를 가지고 있고, 공기가 청명해서 맑은 새소리도 또렷이 들린다. 강에서부터 다리까지는 한참을 걸어 올라가야 했지만 콧노래를 흥얼거리며 팔짝팔짝 뛰며 올라갔다. 일행들이 어땠냐고? 무섭지 않았냐고 묻는다. 날아갈 듯이 행복한 기분을 그 무엇으로도 설명할 수 없다고 말했더니 도무지 믿기지 않는다는 표정이다. 아마 뛰지 못한 자신들에게 좀 더 과장해서 말하는 것이라 생각하는 듯했다.

그날 밤 호텔로 돌아와 샤워를 하다가 문득 드는 생각. 말로 표현할 수 없는 그 지극한 평화는 어디에서 기인한 것일까? 무엇이 충만한 평화와 자유로 나를 전율케 했는가? 이 세상에는 머리로는 이해할 수 없는 일들이 종종 일어난다. 마치 내가 오늘 경험한 것처럼.

살아가면서 절벽 끝이라고 생각되는 순간이 있다. 한 발자국도 더이상 움직일 수 없다고 느껴지는 순간. 그러나 나는 안다. 절벽 끝에 무엇이 기다릴지 알 수 없지만, 믿음으로 뛰어내리지 않으면 날아오르는 황홀도 경험할 수 없다는 것을.

한순간의 사건이 인생을 바꾸지는 못한다. 그러나 그 사건 이면에 숨은 의미와 상징을 깨닫고, 그 결정적 사건을 어떻게 내 삶에 받아들이느냐에 따라 이후의 삶이 달라질 것이다. 만약 똑같은 시간 똑같은 장소에 있었더라도 절벽 끝으로 가지 않았더라면 그리고 뛰어내리지 않았다면 이러한 경험을 할 수 없었을 것이다. 믿음은 우리가 높이 있을 때는 더 높이 날아오를 수 있게 하며, 떨어졌을 때는 다시 일으켜 세운다.

일단
시작하자

심
지
영

미래를 향한 여러분들의 꿈의 도전에 행복을 조율하는 해피메디에이터.
하브루타를 기반으로 한 역지사지 휴먼 러닝을 통해 여러분들의 행복한
성공을 기원합니다.
역지사지 휴먼 러닝 연구소장
happyshim21@naver.com

코로나로 인한 삶의 변화는 아직도 현재 진행형이
다. 막연히 먼 미래라 여겨왔던, 그리고 상상만 했던 일
들도 현실이 되고 있다.

집에서 보내는 시간이 늘었고, 사람 간 접촉도 꼭 필
요하지 않으면 하지 않는다. 코로나 초기에는 많이 우
왕좌왕하고 어떻게 해야 하나 싶었지만 지금은 코로나
덕분에, 시공간을 뛰어넘는 온라인 공간에서 오프라인
보다 더 활발하게 회의, 재택근무, 강의, 교육, 모임 등
을 마치 예전부터 사용했던 공간처럼 자연스럽게 사용
하고 있다.

코로나 덕분에 4차 혁명이 가속화되었고, 이제 활시위는 던져졌다. 거부할 수 없는 큰 파도 속으로 우리는 빨려 들어가고 있다. 아니, 달려 들어가야 한다.

새로운 것에 대한 두려움

평생 해보지 않은 새로운 일을 접해야 한다면 인간은 두 가지 유형으로 나눌 수 있다. 돈키호테처럼 일단 시작하고 그 안에서 좌충우돌 결과를 도출해 내 거나, 아니면 흥선 대원군처럼 새로운 것을 거부하고 아예 접하려 하지 않거나.

우리는 모두 새로운 것에 흥미도 느끼지만, 막연한 두려움과 공포를 느끼는 것이 더 당연할지 모른다. 코로나로 인해 가속화된 4차 혁명, 온라인 화상회의, 모임 등 현실 세계가 아닌 3차원의 가상공간에서 우리는 앞으로 살아가야 한다. 이것은 거스를 수 없는 미래사회이고 우리는 받아들여야만 한다.

최근, 백화점 문화센터에는 50~60대들을 위한 모바일 쇼핑법 강좌가 개설되었다. 그동안 오프라인에서 했던 일들을 코로나로 인해서 하기 꺼려지므로, 이들 세대는 온라인, 특히 모바일로 장 보는 방법, 쇼핑하는 방법 등을 배울 수밖에 없는 것이다. 물론 코로나와 상관없이 온라인 쇼핑에 능수능란한 50~60대도 있긴 하지만 말이다.

이봐, 해보기는 했어? 故 정주영 회장

조지 부시가 미국 대통령으로 재임하던 시기에 재미
있는 이야기가 있다. 2003년 그는 이라크전쟁을 시작
했다. 계속되는 전쟁으로 미국 내외에서는 비판의 목
소리가 높았다. 한편으로는 '클린턴 시대에는 nothing
이었으나 조지 부시는 전쟁이라도 일으키지 않았느냐'
며 조지 부시를 지지하는 세력도 존재했다.

전쟁을 합리화하자는 뜻이 아니다. 머릿속으로 상상
의 날개만 펼치고, 생각만 하고 액션하지 않는 사람은
아무 일도 일어나지 않는다. 그야말로 Nothing이다. 하
지만, 일단 시작하고 그 안에서 시행착오를 겪더라도
설사 실패하더라도 그 과정 안에서 배우고 경험한 것
들은 훗날 성공의 밑거름이 된다.

Nothing보다는 차라리 실패가 낫다. 애초에 시도조
차 하지 않은 이와 일단 시작이라도 해본 이의 격차는
하늘과 땅 차이기 때문이다.

AI와 함께하는 삶

4차 산업혁명의 핵심은 AI(Artificial Intelligence) 즉, 인공

지능이다. 우리 삶에 알게 모르게 AI는 이미 깊숙이 파고들고 있다. 아이폰의 '시리', 갤럭시의 '빅스비'에서부터, 앞으로 상용화될 자율주행 차까지 말이다.

우리에게 가장 인상 깊게 각인된 AI는 2016년 이세돌 9단과 바둑을 둔 '알파고'일 것이다. 최근에는 신한금융투자 광고에 혜성같이 나타난 가상인간 '로지'도 있다. 실존하지 않는 AI 모델을 보고 연예인처럼 열광하는 날이 머지않았다.

AI는 우리 삶을 윤택하게 해주고, 인간이 하기 위험한 일도 해줄 수 있다. 하지만, 그로 인해 인간의 일자리가 70~80% 이상 없어진다. 이것은 이미 UN 미래보고서, 세계적인 컨설팅그룹 매켄지, 보스턴컨설팅, 그리고 저명한 미래학자들에게서 언급된 사실이다.

AI는 순기능만 있는 것이 아니라, 역기능과 함께 아주 여러 가지 문제점도 발생한다. 하지만, 거스를 수 없는 파도를 헤쳐나가야지 나 혼자만 운 좋게 피할 수 있을까?

피할 수 없다면 즐겨라. 그리고 준비하라. 그렇다면 우리는 어떻게 해야 할까? 시작이 반이다. Nothing이 아니라 Starting이다.

AI와 공존해야 하는 시대가 시작되었다. 언제까지 뒤로 숨어서 '나는 싫어. 두려워. AI는 위험해'라며 버틸 것인가. '내가 사는 동안 내 삶은, 내 직장은 괜찮겠지'

하는 생각은 빨리 접는 편이 좋다. 앞으로 10년 이내 아니 5년 이내에 우리의 직업이, 직장이 없어지고 새롭게 재편될 것이다.

적을 알아야 이길 수 있는 것처럼, AI와 공존하기 위해 그들을 적시하는 것이 아니라 내가 그들을 부리고 컨트롤할 수 있는 지위가 될 수 있도록 준비해야 한다.

일단 시작하자.

나만의
ATOM을
갖자

오
지
영

체육학을 전공하고 치료운동사, 수중재활사를 거치며 거쳐 진
정한 평화와 건강은 내적 성장이 중심에 있다는 깨닮음으로 내
적,영적 성장을 위한 여행중이다.
ohjy77@daum.net

어린시절 TV속에서 양쪽에 뿔머리를 하고 발바닥에
서 불을 내뿜는 장면에 열광했던 기억이 있다. <아톰>
이라는 애니메이션의 한 장면이다. '아톰(ATOM)'은 물질
의 기본적 구성단위인 '원자'라는 뜻이다. 얼마나 만화
주제와 딱 맞는 과학적인 이름인가.

우리나라에서 1970년대 방영된 이 만화를 보며 자란
세대를 '아톰 세대'라 부른다. 그 어느때 보다도 미래에
대한 호기심과 선망이 만화의 영향을 크게 받았던 세
대다.

당시 어린이들은 아톰 시리즈를 보며 미래 시대를 꿈

꾸었다. 혼자 운전하는 무인 자동차, 가사 도우미 로봇, 바다 밑으로 이동하는 해저터널 등 당시 상상만 했던 미래 시대가 이제는 우리 눈앞에 성큼 현실로 와 있다.

불과 몇 개월이면 마치 몇 년이 훌쩍 지나간 것처럼 느껴지는 시대다. 요즘엔 뭐든 다시 배우고 자꾸 새롭게 적응해야 할 것 같아 불안하고 걱정인 사람들이 많다. 자고 일어나면 쏟아지는 새로운 소식과 시스템들에 적응하려 애쓰다보면 성과 대신 아무리 해도 끝이 없는 도돌이표 같은 지침만 가득한 공허함만이 돌아오곤 한다.

다 해내겠다는 목표는 욕심

어차피 우리는 어떤 세상이 올지 어림잡아 예상만 할 뿐 확신은 할 수 없다. 알 수 없는 미래를 준비한다며 어렵고 거창한 목표를 세워 제자리에서 진만 빼고 있진 않나 돌이켜봐야 한다.

그저 현실적으로, 주어진 오늘이라는 이 현실을 잘 살아내면 될 일이다. 하루하루 매 순간 더 나아질 수 있는 방법이 있다면 하나하나 벽돌을 쌓아올리듯 나의 성공 시스템을 만들어가면 된다. 하버드 심리학과 교수 출신의 조던 피터슨은 그의 저서 <12가지 인생 법칙>을 통해 많은 청년들을 위한 인생 멘토링을 전하고 있다. 법칙이라곤 하나 메시지가 지극히 단순해서 놀랍다. 몇 가지만 소개하겠다.

- 어깨를 펴고 똑바로 걸어라.
- 세상을 탓하기 전에 방부터 정리하라.
- 아이들이 스케이트보드를 탈 때 방해하지 말고 내버려 두어라.
- 길에서 고양이와 마주치면 쓰다듬어 주어라.

이런 식이다. 세계적인 베스트셀러 치고는 그 메시지가 무척 소소하다. 인생까지 운운하기엔 연결고리가 약하다는 생각마저 든다. 그러나, 바로 이 지점에서 아톰(ATOM)이 발동한다.

한 예로, '어깨를 펴고 똑바로 걸어라.' 이 움직임은 우리의 심리와 신체적 연결고리에 매우 강력한 기전을 갖는다. 필자는 오랫동안 스포츠의학을 공부하고 의료기관에서 환자들의 재활을 도왔던 일을 해왔다. 대부분의 환자들은 오랜 통증이나 변형으로 거동이 불편하거나 신체의 정상패턴이 깨져있곤 했다.

그런데 단순히 움직임 제한으로 그치지 않고 대부분은 깊은 우울감과 심리적 불안감에 싸여 있는 경우가 많았다. 치료사 입장에서 물리적인 통증 개선방법 외에 그들이 잃어버린 자신감과 긍정적인 마인드를 일깨

워 주는 것도 매우 중요함을 잘 알고 있었다. 결국 그 환자들에게는 어깨를 펴고 똑바로 걸으라는 지극히 단순한 처방이 내려졌다.

위축된 심리에서 벗어나 나 자신에 대한 당당함과 긍정적인 에너지를 발산하며 큰 보폭으로 리드미컬하게 걷는 행위 자체가 가져다 주는 결과는 상상 이상이다. 단순히 기능적인 처치로 그치지 않고 정신과 육체 그리고 그 모든 총합의 시스템이 올바른 방향으로 유기적인 움직임을 시작할 때 우리는 진정한 살아있음을 그리고 그 존재감을 기반으로 더 나은 방향으로 나아가려는 동기를 갖게 된다고 믿는다.

결국 나라는 존재의 성장 뒤에는 아주 작은 걸음걸이 하나. 아주 작은 마음가짐 하나가 서로 연결되고 쌓이고 쌓여서 성장동력 덩어리 에너지가 되고 이 에너지가 하나의 선순환 시스템을 이루어 나를 더 나은 곳으로 데려다 준다.

나만의 ATOM을 정하라.

나의 작은 행동이 모여 어떤 인생과 연결될지 기대심을 가지고 지켜보자. 사랑과 배려 정성과 성의의 마음을 기본으로 세상을 향해 나가는 나만의 시스템을 만들어보자. 매일 아침 나에게 주는 차 한잔의 시간도 좋다. 매일 읽는 한 줄의 책읽기도 좋다.

달성을 해야하는 목표를 향하기보다 인간다움을 잃지 않고 세상을 바라보는 연습이 먼저다. 그 ATOM의 시간이 연결되어 남다른 시각의 아이디어맨이 될 것이고, 창의적인 콘텐츠를 보유하여 경제적 시간적 자유도 갖게 될 테니까. 미래사회는 더 잘 놀고 더 많이 사유하는 인간다움을 지켜낸 자들의 세상이라 하지 않던가?

뇌의
항상성을
통제하라

윤
은
정

바쁜 일상 속 본연의 아름다움을 잃고 삶에 지친 사람들에게 행복한 삶의 생기를 더하는 힐링M대표. 사람들에게 건강과 풍요, 나눔을 사명으로 선물하는 라이프케어리스트입니다.

j311901@naver.com

주말농장을 가꾸는 사람들이 늘고 있다. 자연이 주는 풍요로움과 마음의 안정을 얻기 위함이다. 실제 서울 도시농업과 조사 결과에 따르면 2011년 대비 2016년엔 서울에서만 도시 텃밭이 무려 5배 이상 증가했다.

나 또한 주말농장을 통해 고구마, 고추, 방울토마토 등의 다양한 작물을 키우며 힐링을 누리는 것은 물론 삶의 지혜를 배운다. 마트에서 쉽게 장을 볼 땐 몰랐던 가치를 말이다.

아주 작은 습관은 수많은 통제로부터 시작된다.

농작물은 그저 씨만 뿌린다고 해서 번듯한 결과물을 수확할 수 없다. 계절별로 신경 써야 할 것들이 한둘이 아니다. 잡초만 해도 그렇다. 사철 자라나는 무수한 잡초들이 작물로 가야 할 영양분을 뺏는다. 농사는 곧 잡초와의 전쟁이라 봐도 될 정도다.

이 모든 수고로움은 농사에만 국한된 것일까? 그렇지 않다. 성공을 향해 달려가는 인생 또한 이러한 과정이 필요하다. 본인이 가고자 하는 성공이라는 목적지를 갈 때, 마냥 행복한 일만 있지 않다. 불확실한 미래에 대한 두려움, 성공할 수 있을까 하는 불안함과 같은 성공을 가로막는 장애물이 끊임없이 자라나기 때문이다.

이러한 부정적인 생각들을 제거하지 않으면 종국에는 그 생각들이 성공을 갉아먹는다. 방해요인을 방치하면 잘못된 습관들이 내 삶의 주도권을 빼앗아가 버리는 것이다. 그래서 매일 생성되는 독이 되는 생각들을 제거하는 것이 중요하다. 그리고 이를 위해서는 나 자신을 통제할 수 있어야 한다.

통제의 사전적 의미는 '일정한 방침이나 목적에 따라 어떤 행위를 못 하게 막는다'이다. 즉, 성공하기 위해서는 그에 걸맞은 행동을 해야 하고, 이를 방해하는 습관들을 철저히 배제해야 한다.

그런데 세상에는 통제하지 못해 실패하는 사람들이 더 많다. 갈망하는 목표는 많지만, 통제하지 못한 습관들이 성공을 방해하기 때문이다. 실제로 신년에 세운 계획이 성공할 확률이 8%밖에 되지 않는다는 사실이 국제임상심리학회지에 게재된 바 있다. 그렇다면 성공적인 습관을 만들기 위해서는 어떻게 해야 할까?

뇌의 항상성을 통제하라.

영국 런던대 필리파 랠리 교수는 "사람의 뇌는 충분한 반복을 통해 시냅스가 형성되지 않은 것에 저항을 일으킨다"라고 주장한다. 행동에 대한 입력값이 뇌의 기억세포에 저장되지 않는 까닭이다.

뇌의 항상성을 깨고, 성공인자를 내 몸에 각인시키기 위해서는 최소한 21일이라는 시간이 필요하다. 그래서 21의 법칙을 성공법칙이라 명명하기도 한다. 21일은 생각이 고정관념·의심을 담당하는 대뇌피질과 불안·두려움을 담당하는 대뇌변연계를 거쳐 뇌의 기억세포에 습관으로 저장되는 데 필요한 시간이다.

그러나 21일이 지난 후, 습관이 내 것이 되었다 착각해서는 안 된다. 이는 말 그대로 뇌에 습관을 각인시키는 시간이다. 습관이 몸에 완전히 배 통제로부터 자유로워질 때까지는 66일이 더 필요하다. 3개월 동안 방해

요인들을 통제하고, 작은 습관들을 쌓으면 어느 순간 가속도가 붙어 큰 성공의 결괏값을 도출할 수 있다.

어제의 초라함을 벗어던지고, 탐스러운 열매를 맺고 싶은가? 'No pain, No gain' 고통 없이는 그 무엇도 얻을 수 없다. 어떠한 대가를 지불해야 원하는 바를 이룰 수 있는 것이다. 그것이 바로 아주 작은 습관의 성공을 위한 통제임을 기억하길 바란다.

혼란 속에서도
누군가는
꽃을 피운다

윤지숙

아이들에게 놀 권리를 보장하며 학습의장을 만들어주는 영어피
트니스 플랫폼 랭핏 대표. 장차 아이들이 취업하고 싶은 놀이터
같은 기업으로 랭핏을 만드는게 꿈인 슈퍼스타 캐서린 윤지숙!
랭핏에서는 꿈을 꾸면 이루어집니다.

langfitor@naver.com

딩동! 36.5도입니다.

2020년 2월 이후, 모든 물리적 공간을 이동할 때마다 우리의 시작점은 36.5가 되었다. 아무도 예상하지 못했던 이 기준점의 이동과 함께 우리는 비대면 시대, 다인 집합금지 시대를 살아가게 되었다. 불가항력으로 물리적, 사회적 소통이 단절된 코로나 시대를 뒤돌아보니, 어언 20개월 남짓. 시작점이 바뀐 줄도 모른 채, 어쩌면 그 시작점을 인정하고 싶지 않아 외면하며 그 시간을 보내 버렸는지도 모르겠다.

인간의 생물학적 발달 관점에서 20개월은 한 생명이

태어나 걸음마를 하고 세상을 향해 뛰어갈 수 있는 옥석 같이 귀한 시간이다. 처음 코로나의 발발로 온 나라가 들썩거릴 때, 코로나의 시작점에 탄생한 아이는 어른들의 표정을 얼굴 전체가 아닌 단지 눈으로만 판단하는 능력이 탁월해진다. 또 모르는 어른에게는 절대 손을 주어서는 안 되는 사실을 습관화했을 것이다. 출근해서 돌아오는 아빠 수염의 까슬함을 참고 격한 인사를 나누는 추억 따윈 없을 것이며, 마스크를 쓰는 일은 비 오는 날 장화를 신고 밖에 나가는 일처럼 설레는 일상일 것이다.

코로나 베이비들이 어른이 되면, 인공지능과 융합된 삶을 일상적으로 살아가는 이 세대의 특성을 이해하고 활용하는 많은 학계의 논문이 발표될 것이다. 포스트 코로나 세대 중 인공지능의 지시를 받기보다는 인공지능에게 지시를 내리는 인재가 세상의 리더들이 되는 시대가 오게 된다.

그렇다! 시작점이 변했다! 이제는 우리의 뒤에 자리 잡고있는 포스트 코로나의 시대가 서막을 알리고 있다. 출발선이 바뀌고 축이 달라졌음을 받아들이자! 이것이 개화의 시작인 것이다.

변화의 다른 얼굴은 스트레스다. 인간은 변화를 겪을 때 가장 큰 스트레스를 받는다. 기존 패턴에서 벗어나는 것. 의도하지 않은 상황이 다가오는 것. 하루아침에 무엇인가 사라져 버리는 것. 이 모든 변화 상황 속에 인간은 스트레스를 느낀다.

사실 산다는 그 자체가 이미 스트레스다. 부모님의 선택에 의해 이 세상에 오게 됐고, 그 끝도 알 수 없다. 따지고 보면 인간은 처음부터 끝까지 불공평하고 부조리한 인생을 살아간다.

그렇다면 우리는 매순간 불행한가? 그렇지만도 않다. 이는 스트레스에 대한 우리의 반응이 언제나 패배와 회피의 반응만 있는 것이 아니기 때문이다.

어려운 상황에도 견딜 수 있다는 판단이 서고 역동적인 변화를 무사히 헤쳐 나가는 스스로에 대한 신뢰만 있으면 인간은 그 상황을 도전으로 받아들인다. 이 도전 반응에서 인간의 뇌에는 변화의 불편함을 성장의 계기로 삼는 DHEA호르몬이 분비된다. 스트레스 대표 호르몬인 코르티솔과 달리 DHEA호르몬은 인간의 성장지수를 높인다. 스트레스 상황을 받아들이는 개인의 판단에 따라, 만성적인 스트레스 상황에도 높은 집중력과 의지력을 갖게 한다. 변화의 새로운 연료가 되는 것이다.

또한 스트레스 후 DHEA는 회복의 일환으로 뇌신경 가소성을 증가시킨다. 신경 가소성이란 다양한 경험에 의해 뇌신경이 재배치되고 재구성된다는 이론이다. DHEA는 스트레스를 무사히 통과하는 디딤돌이 되어 인간 성장의 선순환이 일어나게 되고 단순히 심리적인 의미를 넘어 생리적인 변화를 일으키는 것이다.

미국인 3만명을 8년간 추적한 연구에서 스트레스를 많이 받았다고 한 사람들이 그렇지 않았던 사람들보다 사망률이 43%가 높았다고 한다. 그런데 여기서 놀라운 것이 이 결과는 스트레스를 받았다고 한 사람들 중 스트레스가 건강에 해롭다고 한 사람들에게만 해당되는 내용이었다. 똑같이 스트레스를 받았어도 스트레스를 도전과 성장의 기회로 삼은 사람들은 상관이 없었다.

지난 20개월의 코로나 상황을 돌이켜 보면 누군가는 엄청난 스트레스를 받았고, 또 누군가는 성장하는 선순환 구조를 만들었을 것이다. 스트레스를 인식하는 마음가짐에 따라 이런 극단적인 두 가지 결론이 나온다면 당신의 선택은 무엇인가?

변화하고 있는 나를 만나자!

오늘 하루를 돌아보면 고단하고 똑같은 하루인 듯하

지만, 일상의 오늘이 모여 변화를 창조하는 시작점이 된다. 조금만 들여다보면 우리는 사실 새로움이 가득 찬 세상을 살아가고 있고, 매일 그 하루와 마주하며 성장한다. 환절기가 오면 계절 변화에 대한 외력에 우리 몸은 감기나 질병을 마주하고 이겨냄으로 면역을 키우고 외력에 대한 내력을 쌓아가는 것처럼.

인생에 있어 변화무쌍한 외력은 누군가에게는 참을 수 없는 스트레스이기도 하겠지만, 사실 이는 모든 내력을 다지는 성장의 시작점이기도 하다.

인생은 결국 내력과 외력의 싸움이다. 내력이 강하면 어떠한 외력에도 버틸 수 있다. 역사상 가장 큰 외력을 받고있는 지금! 이 외력을 견딜 수 있는 가장 큰 내력은 상황을 받아들이는 마음가짐이다. 가장 안전한 방어는 선재공격이라 했다. 내면에서 자의적으로 세상을 향해 먼저 변화의 축포를 쏘아 올리자! 창조는 파괴 위에 만들어진다. 외력이 나를 먼저 공격하기 전에 내가 먼저 인식을 바꾸어 내면의 에너지를 끌어올리자.

모난 돌이
세상을 바꾼다

이
정
임

인천 교육청 일반행정직 공무원. 공무원의 시야 밖에서 좀 더
나은 미래를 만드는데 힘을 보태는 사람이고자 합니다.
imjeong1987@naver.com

'모난 돌이 정 맞는다.' 공직사회에 들어오면 누구나
한 번쯤 듣는 말이다. 특히 입직 직후 의욕에 넘쳐 뭐든
열심히 하려는 시기가 있는데, 이 뛰는 모습 때문인지
의욕을 꺾는 '정'을 꼭 한 번씩 맞는다.

'원래대로 해.', '굳이 왜?', '그래봤자 아무도 안 알아
줘.', '괜히 일 만들지 마.', '네가 책임질 거니?' 등등 갖가
지 '정'에 맞다 보면 넘치던 열정도 한풀 꺾이기 마련이
다. 그러다 보면 어느 순간 이해받지 못할 거란 생각이
확신으로 바뀌는 순간이 온다. 그렇게 갓 입직한 새내
기 공무원은 눈과 귀, 입을 닫게 되는 것이다.

의욕으로 가득 차 있던 열정 주머니는 그렇게 순식간에 헐렁해지기 시작한다. 보통은 다시 채워지는 일이 없다. 모난 돌은 그렇게 흐름에 따라 이리저리 떠밀리며 깎여나가고 만다. 그러다 보면 대부분 그렇듯 수많은 모래알 중 하나로 정리되는 것이 일반적 수순이다.

지역을 대표하는 공무원

　공직에 있다 보니 공공기관 유튜브를 가끔 본다. 그중에서도 김선태 주무관이 운영하는 충주시 공식 채널을 즐겨 찾는다. 페이스북으로 홍보물을 올리던 시절부터 눈이 갔다. 당시엔 입직 전이라 이게 그렇게 대단한 일인가 싶었다. 그런데 막상 공직에 들어와 공직자의 눈으로 보니 그는 초인이었다. 거의 불가능에 가까운 일을 혼자 힘으로 해왔던 것이다.

　무엇보다 중요한 점은 통념을 뒤엎고 관행을 깨부순 데에 있다. 일반적으로 공공기관에서 볼 수 있는 깔끔하고 단정한 홍보물 대신, 그림판에서 마우스로 대충 그린 듯한 B급 감성의 포스터를 제시한다. '시장과의 만남'에서 기대할 수 있는 의례적이고 형식적인 틀을 부수고, 동네 이웃 주민 같은 자연스러운 분위기에서 질문을 주고받는다. 결재체계를 건너뛰고, 오롯이 주무관 한 사람의 판단으로 편집한 영상을 과감하게 올린다. 덕분에 사과 정도로만 알려졌던 인구 20만의 작은 도시 충주는 젊고 힙한 이미지를 가져가는 데 성공했다. 이 모든 결과를 이끌어낸 배경엔 무엇이 있었을까?

바로 대중이 생각하는 공무원 이미지를 그대로 가져가면 반드시 실패할 것이라는 판단이었다. 물론 서적과 방송 프로그램에서 언급했듯 처음부터 쉬운 길은 아니었다. 수도 없는 질타에 수그러들 법도 했다. 그러나 그는 끝끝내 상급자를 설득하고 인정받아 자신의 방법을 고수했다. 이렇게 하면 반드시 통한다는 본인 결정에 대한 확신과 믿음이 있었다. 결국 결과로 보여주지 않았나.

기존의 따분한 방식으로는 2, 30대의 시선을 사로잡을 수 없다는 생각, 고급스럽고 좋은 모습만 보여주지 않더라도 사람들이 의식할 수 있다면 충분히 '홍보'로써 가치 있다는 판단이 지금의 충주시 이미지를 만든 것이나 다름없다. 더욱이 그가 활용한 전략은 많은 예산도, 전문가와 고급장비도 필요치 않았다. 어디서나 휴대폰을 열고 인터넷에 접속하면 쉽게 볼 수 있는 것들이다. 유행하는 드라마의 패러디, 각종 밈 등의 B급 감성을 시 홍보물에 녹여낸 것뿐이다.

누구나 알고 있는 것들인데 왜 어떤 사람은 그것을 활용하는 데 성공하고, 누군가는 그냥 늘 한번 웃고 지나가는 인터넷 게시물에 지나지 않는가? 이제는 알아야 한다. 남들이 하는 것을 그대로 답습만 할 뿐이라면 어떤 것도 바꿀 수 없다는 것을. 지자체에서 유튜브를 시작한 사례는 많다. 그러나 서울시를 비롯해 그 어떤 광역시도 달성하지 못한 것이 있다. 1년 만에 구독자 수 10만 돌파. 그리고 현재는 지자체 유일 20만을 넘은 구독자 수. 충주시 홍보맨 한 사람의 업적이다. 그 역시 관점의 차이를 깨닫고 실행하는 사람이었다.

모난 돌이 이루는 세상

모난 돌은 눈에 띈다. 모래사장에 혼자만 툭 불거진 모난 돌은 거슬리기 마련이다. 뽑아내든 부수든 제거해야 할 대상처럼 보인다. 그러나 여러 번 때려도 깨지지 않는 돌은 다르게 보인다. 혹시 아나. 알고 보니 다이아몬드였을지. 원석이 아니면 또 어떤가. 다르게 보는 순간 의미가 생기고, 이유를 찾게 될 텐데.

공직사회는 직업 특성상 다양한 배경을 가진 재원들이 모인다. 그런데 저마다 다른 모양과 배경을 가진 인재들이 이 조직에만 들어오면 한결같이 천편일률적으로 변해버린다. 안타까운 일이다.

문득 얼마 전 방문했던 제주도의 한적한 동네 길을 떠올려본다. 제각기 다른 크기와 모양의 현무암 조각을 쌓아 올려 일정한 높이와 길이를 이루는 돌담길이

제주도에는 참 많다. 다르다고 외면하지 않고 필요에 따라 적재적소, 적절한 쓰임이 조화롭다.

공직사회도 고운 모래사장이 아닌, 거칠고 투박하더라도 제주도의 돌담처럼 제각각의 생각과 모양을 살려 형태를 이룰 수 있는 그런 조직이 되길 바라본다. 그를 위해서, 무엇보다도 주관과 소신을 잃지 않는 공무원들이 많아지길 바란다.

라이프스타일 변화를 위한 중요한 한가지

장
우
현

블록체인 비즈니스 모델과 서비스 기획 컨설팅, 커뮤니티 마케팅을 하고 있습니다. 디지털 시대의 갈림길에서 블록체인을 활용한 비즈니스로 클라이언트의 니즈 충족을 위해 노력하고 있습니다.
shoocrim@gmail.com

라이프스타일이란 우리가 사는 이 세상과 자신의 인생에 대해 의미를 부여한 개념이다. 즉, 자기 자신을 어떻게 보고 있는가. 타인을 포함한 세계의 현상에 대해 어떻게 생각하는가. 자신과 세계에 대해 어떤 이상을 품고 있는가. 이 세 가지에 대한 신념이 곧 라이프스타일을 결정한다.

오스트리아 출신 정신의학자 알프레드 아들러(Alfred Adler)는 생활양식을 우리가 태어나서 죽을 때까지 쓰는 인생의 자서전으로 본다. 생활양식은 자서전을 쓰는 한 사람, 한 사람의 문체와 같다고 말한다. 글을 쓰는 작가들의 문체가 다르듯이 사람에게는 저마다의 문체 속 생활양식이 있다고 보는 것이다.

라이프스타일의 형성과 정착

이러한 생활양식은 보통 다섯 살 이전에 정해진다고 들 한다. 그러나 실제 생활양식의 형성은 초등 저학년 시기까지 이어진다. 타고 난 것이 아니라 자신이 스스로 정하는 것이기 때문이다. 열 살 무렵이면 꽤 다양한 삶의 방식들을 시도해보며 경험과 학습을 통해 자기 나름의 스타일이 형성된다. 스스로 선택한 것이니 바꾸려고 하면 나중에 얼마든지 바꿀 수도 있다.

하지만 우리가 사는 동안 라이프스타일을 확 바꾸기란 그리 쉽지 않다. 자기 자신이나 세상을 바라보는 견해, 문제를 해결할 때의 정해진 패턴은 그때그때 해결 방식을 새로 생각해 내지 않아도 저절로 반응하게 된다.

장점이기도 하겠지만 한편으로 새로운 상황에 적절하게 대응하지 못하기도 한다. 패턴은 한번 만들어지면 바꾸기가 쉽지 않다. 다른 라이프스타일로 문제를 해결하려고 하면 즉시 미지의 세계로 뛰어 들어가는 셈이 되기 때문이다.

'할 수 없다'가 아니라 '하고 싶지 않다'

대부분의 사람들은 일부러 미지의 세계에 발을 들이기보다는 지금 이대로의 라이프스타일과 습관을 유지하는 편이 낫다고 여긴다. 변할 수 없는 것이 아니라 사실 변하고 싶지 않은 것이다. '할 수 없다'가 아니라 '하고 싶지 않다'라고 생각하면서. 변하려고 하면 얼마든지 변할 수 있는데도 변하지 말자고 선택하는 것이다.

그럼 어떻게 하면 지금의 습관을 바꿀 수 있을까? 변하기 위해서는 자신이 지금 어떤 생활 속에서 살고 있는지를 알아야 한다. 한번 정한 습관은 쉽게 말하자면 안경이나 콘택트렌즈와 같다. 늘 그것을 통해 세계를 보기 때문에 쓰고 있는 것조차 스스로 망각할 때가 많다. 그래서인지 모르지만 다른 사람에게는 그것이 보여도 자신에게는 보이지 않는다. 습관을 바꾸기 위해서는 자신이 지금까지 어떤 안경과 콘택트렌즈를 쓰고 이 세계를 보았는지 알아야 한다.

라이프스타일의 선택은 결국 본인의 결단

무엇이 라이프스타일을 정할 수 있을까? 정답은 본인의 결단이다. 라이프스타일의 결정 요소는 본인의 결단밖에 없다. 그렇지 않다면 같은 부모 밑에서 태어나, 거의 같은 환경에서 자란 형제의 삶의 궤적이 다른 이유를 설명할 수 없다. 라이프스타일은 아무것도 없는 상황에서 선택하는 것이 아니다. 유전적인 영향과 성장환경, 인간관계 등이 선택에 영향을 미친다.

삶의 변화를 위해서는 현재 자신의 상태를 알고 무엇이 어떻게 영향을 미치고 있는지를 알아야 한다. 그리고 과거부터 현재까지 타인을 대하는 방식이나 문제 해결 패턴이 같다는 사실을 알고, 한편으로 나에게 다른 선택지도 있다는 사실을 깨닫는다면 새로운 라이프스타일도 찾을 수 있게 될 것이다. 이제는 본인의 결단만이 남았다. 변화할 것인가, 머무를 것인가.

미디어의
늪에서
청소년을 구하라.

장
윤
정

교육을 통해 뿌리깊은 나무를 키워내겠습니다. 울창하고 큰 숲
이 이뤄지기 위해서는 한그루의 건강한 나무부터 시작합니다.
단 한명의 교육생도 소홀히 하지 않고 교육을 통해 변화하고 성
공적인 삶을 살 수 있도록 돕겠습니다.
biy77@hanmail.net

미디어를 흔히 세상을 바라보는 창에 비유한다. 우
리 어린 시절 미디어란 커다란 TV와 라디오가 전부였
다. 디지털 미디어의 기술 발전과 함께 요즘은 스마트
폰 하나가 TV와 라디오는 물론 각종 인터넷 커뮤니케
이터 역할을 하고 있다.

우리나라의 중·고등학생의 95%가 스마트폰을 사용
한다. 자연스럽게 사용시간도 점점 더 늘어가고 있다.
문자와 통화에 익숙한 부모세대와는 달리 지금의 청소
년들은 스마트폰의 영상 기능을 통한 소통이 더 익숙
한 세대다. 그만큼 스마트폰에 대한 의존도가 높다는

뜻이기도 하다. 지금의 Z세대에게는 스마트폰이 세상과 소통할 수 있는 가장 중요한 통로다. 세상을 바라보는 도구일 뿐 아니라 청소년들에게는 세상 그 자체인 것이다.

오직 수익 창출만을 위한 그들만의 세상

페이스북, 인스타그램, 유튜브는 청소년들이 가장 많이 사용하는 대표적인 미디어다. 그중에서도 영상을 통한 실시간 소통이 가능한 유튜브는 학생들이 가장 많이 사용하는 미디어다.

교육부와 한국직업능력개발원이 해마다 초등학생들의 희망 직업을 조사해 발표하고 있다. 최근 3년간 유튜버는 5위(2018년), 3위(2019년), 4위(2020년) 순으로 상위권을 기록하고 있다. 초등학생들에게 유튜버는 최고의 인기 직업 중 하나로 꼽힌다.

자유롭고 창조적인 사고방식을 가진 '디지털 노마드'는 디지털 기기를 이용하여 시·공간의 제약 없이 쌍방향 소통을 하며 수익을 창출하는 사람들을 이르는 말이다. 기존의 '직업'이라는 울타리에서 벗어나 자유롭게 살고 싶은 사람들의 욕망을 채워줄 수 있는 새로운 직업이라고도 볼 수 있다. 특히 유튜버라는 직업은 디지털 노마드의 전형이다.

우리는 억대 수입을 자랑하는 유튜버 이야기를 종종 접한다. 유튜브로 어떻게 그 많은 돈을 벌 수 있을까? 수익 구조는 구글 광고 플랫폼인 애드센스와 협찬 그리고 후원 등 다양한 방법에 의해 발생한다. 수익을 발생시키기 위해서는 먼저 세 가지 조건을 먼저 달성해야 한다. 구독자 1천명 이상, 12개월 내 시청시간이 4천 시간 이상, 채널에 활성 상태의 경고가 없어야 한다는 것이다. 이 조건에 부합하는 채널만이 구글 광고를 통해 수익을 창출할 수 있는 것이다.

그러다 보니 사람들의 호기심만을 자극하고 구독자 수와 시청시간을 확보하기 위해 확인되지도 않은 정보들과 온갖 자극적인 영상이 넘쳐난다. 유튜버의 인기는 곧 돈과 권력이 된다. 채널 파워를 갖기 위해 기본적인 정보의 진위 여부조차 가리지 않는 세상이 우려스럽기만 하다.

아젠다 세팅

미디어 담론에는 종종 '아젠다 세팅(agenda setting)'의 중요성이 거론된다. 회의에서 논의해야 할 의제 또는 안건을 '아젠다'라고 한다. 이 아젠다를 어떤 관점으로 세팅하느냐에 따라 결과는 완전히 달라진다.

"나에게 한 문장만 달라. 누구든 범죄자로 만들 수 있다. 거짓말은 처음에는 부정되고, 그다음에는 의심받지만, 되풀이하면 결국 모든 사람이 믿게 된다. 99가지의 거짓과 1개의 진실의 적절한 배합이 100%의 거짓보다 더 큰 효과를 낸다." 나치의 선전 장관이던 파울 요제프 괴벨스가 한 말이다.

누구보다 공정하고 객관적이어야 할 언론은 기자, 편집자 등 뉴스결정권자들의 관점에 따라 같은 현상을 두고도 해석이 판이하게 달라진다. 현실에서 미디어의 조작이 미치는 영향은 엄청나다. 어디에 초점을 맞추느냐인 '아젠다 세팅'에 따라 그 내용은 완전히 다르게 바뀔 수 있다. 언론은 정보를 제공해주는 주체이자 아젠다 세터의 역할을 한다. 우리는 언론이 제공하는 아젠다가 윤리적·도덕적으로 타당한지에 대해 늘 고민해야 한다.

미디어에 대한 올바른 이해, 미디어 리터러시

대선을 앞둔 2016년 미국에서는 평소보다 더 많은 가짜 뉴스가 생산되었다. 힐러리의 이미지를 깎아내리고 트럼프를 치켜세우는 내용이 대부분이었다. 선거 결과에 충분히 영향을 끼칠 만한 뉴스였다.

정치적 또는 경제적 이익을 위해 의도적으로 언론 보도의 형식을 하고 유포된 거짓 정보를 '가짜 뉴스'라고 한다. SNS의 발달로 출처가 불분명한 가짜 뉴스들이 기승을 부리고 있다. 미국 스탠퍼드 대학의 연구 결과, 미국의 10대 청소년 82%가 SNS를 통해 유통되는 가짜 뉴스를 진짜 뉴스와 구분하지 못한다고 한다.

문제는 청소년들이 SNS를 통해 접한 가짜 뉴스를 진짜로 알고 유통한다는 것이다. 미디어의 영향력은 매우 커서 이렇게 공유된 가짜 뉴스는 곧 진실로 포장되어 여론을 장악한다.

페이스북은 2016년 대선에서 '가짜뉴스'가 배포된 주요 채널이라는 사실이 알려지며 많은 비판에 직면하였다. 문제의 심각성을 인지한 페이스북 최고 경영자인 마크 저커버그는 인공지능(AI)을 개발하여 가짜 뉴스를 막겠다고 밝혔다. 모든 온라인 매체들에게는 가짜 뉴스의 확산을 막아야 한다는 새로운 과제가 주어진 셈이다.

공동체 의식 함양을 통한 올바른 미디어 생산

디지털 세상에서는 미디어의 의존도가 매우 높다. 특히 Z세대 친구들에게 미디어는 삶의 큰 부분을 차지한다. 빛이 있으면 어둠이 있듯 미디어의 발달이 우리 삶에 미치는 영향 또한 양면성이 있다. 미디어의 역기능으로부터 보호한다는 이유로 차단하는 것이 대안이라보기는 어렵다.

미디어는 우리 삶의 방향을 바꿀 수 있는 강력한 도구다. 청소년들은 개인의 이익이 아닌 공동체의 이익을 위해 미디어를 올바르게 사용할 수 있어야 한다. 대중매체를 통한 정보를 무조건 수용하기보다는 비판하고, 재해석하고, 재창조하는 능력을 키워야 한다. 미디어를 올바르게 사용할 수 있는 지혜를 통해 우리는 미래사회의 진정한 민주시민으로 살아갈 수 있다.

공동체 의식의 함양과 비판적 사고를 통해 건강한 공동체의 주체로 살아가게 해야 한다. 그것이 미디어의 늪에 빠진 청소년들을 구하는 방법이다.

나 다운 인생을
만들기 위한
하루 습관

정
다
겸

인천시교육청 교육행정공무원, 자기계발을 통해
자신을 변화시키고 성장을 원하시는 분들에게
도움을 드리고 싶습니다.
ershu02@naver.com

1920년대 러시아의 어느 심리학자가 식당에서 흥미로운 사실을 발견했다. 분주한 식당 안을 바삐 도는 종업원들이 고객들의 주문을 매우 효율적으로 기억하고 처리했지만 정작 손님에게 음식을 가져다준 이후에는 그 주문에 대해 잊었던 것이다.

이에 흥미를 느낀 심리학자는 사람들에게 간단한 과업을 수행하게 해놓고 때때로 방해하는 실험을 했다. 그런 다음 피험자들이 어떤 과업을 기억하고 어떤 과업을 기억하지 못하는지 질문했다. 그 결과 중간에 방해받았던 이들은 방해받지 않고 완수할 수 있었던 일보다 방해받았던 순간에 하고 있던 일을 기억할 가능성이 두 배나 높은 것으로 나타났다. 이에 미완결 과업은 완결될 때까지 계속 기억하게 되는 긴장 수준을 조성한다는 결론을 내렸다. 이 현상을 학자의 이름을 따 자이가르닉 효과라 부른다.

드라마가 노리는 자이가르닉 효과!

드라마를 볼 때면 주로 극적인 장면에서 회차가 끝난다. 미완결된 드라마를 완결시켜야 한다는 생각을 시청자의 머릿속에 주입해 다음 회차 상승률을 상승시키려는 의도다.

하지만 복잡한 현대사회에서 현대인들은 많은 과업들을 한꺼번에 수행해야 한다. 우리는 원래 멀티태스킹에 익숙하지 않다. 그래서 쉬운 과업부터 빨리 마쳐버리고 머릿속에서 지워버리려고 한다. 역으로 복잡하고 쉽게 풀리지 않는 문제에 대해서는 그 문제가 끝날 때까지 머릿속에서 지워지지 않는다.

이 글을 쓰는 지금도 실은 마감일이 코앞이다. 가뜩이나 익숙하지 않은 칼럼 쓰기는 중압감에 압박감까지 더해져 더더욱 흥미를 잃게 만든다. 잔뜩 물먹은 솜처럼 묵직해진 마음은 다른 일마저 버겁게 만들고 있다. 계속 미루고 미루다 이윽고 마감을 며칠 넘겨도 괜찮지 않을까 스스로를 설득하기에 이르렀다.

장기적인 인간행동의 변화

사람들이 행동하지 않는 가장 중요한 이유 중 하나는 해야 할 일에 압도당하는 느낌 때문이다. 너무 어렵고 시간이 오래 걸릴 일처럼 보여 그 일을 어떻게 해낼지 상상이 되지 않기 때문이다. 일 전체를 보고는 곧 그 과제가 너무 크다는 느낌을 받고 중단하거나 연기한다.

미국 최고의 습관 설계 전문가이자 행동과학자인 BJ 포그 박사는 장기적인 인간행동의 변화는 대범한 행동이 아닌 사소한 행동으로부터 시작된다고 한다. 대다수의 사람들은 운동을 결심하며 마라톤 완주와 같은 거창한 목표를 세운다. 하지만 그의 연구 결과에 따르면 이러한 목표는 습관을 만드는 데 아무런 도움이 되지 않는다. 달성하기가 어렵기 때문이다.

반면 하루에 100m를 뛰겠다는 목표는 시시해 보인다. 하지만 오히려 이 정도의 목표가 습관을 만드는 데는 훨씬 유용하다.

지속적인 습관 변화를 만드는 3가지 방법

근본적인 습관 변화를 위해서 포그 박사는 3가지 방

법을 제시했다. 첫번째는 깨달음을 얻는 것이다. 둘째는 환경을 바꾸는 것이다. 셋째는 '걸음마 떼기'라고 이름 붙인 점진적 발전이다.

하고 싶은 행동을 정해서 작게 쪼개고, 일상 속에 자연스럽게 끼워 넣을 곳을 찾고 꾸준히 해나간다면 시간에 쫓기지 않고도 자연스럽게 성장할 수 있다.

마감이 임박한 칼럼이 쓰기 어려울 땐 원고에 키워드만이라도 적어 놓는다. 운동을 해야 하지만 몸을 움직이기 귀찮을 땐 일단 운동복부터 갈아입는다. 30초 안에 할 수 있는 지극히 쉽고 사소한 행동에 먼저 주력한다면 점진적으로 무의식적인 습관으로 만들 수 있을 것이다.

"100번만 같은 일을 하면 그게 당신의 강력한 무기가 된다.!"

우리는 별 생각 없이 이를 닦고, 습관적으로 휴대폰을 확인한다. 이렇듯 평소에 우리가 하는 작고 간단한 행동들이 반복되면 마침내 습관이 된다. 한 사람의 습관은 그 사람의 정체성이 된다.

미국 최고의 자기계발 전문가이자 파워블로거인 제임스 클리어는 <아주 작은 습관의 힘>이란 책에서 "매일 반복하거나 반복하지 않는 습관이 건강과 부, 행복을 좌우한다"며, "습관을 바꾸는 방법을 안다는 건 자신의 일상을 책임지고 관리하고, 영향력이 큰 행동에 집중하고, 원하는 삶으로 역설계하는 법을 안다는 뜻이다."라고 강조한다.

다이어트, 영어공부, 독서 등등 올해 1월에도 우리는 뭔가를 결심했을 것이다. 새 다이어리를 사서 야심차게 새해 목표를 적어 놓고 SNS나 주위 사람들에게 선포하기도 했을 것이다. 아마 대다수는 작심삼일이 무색할 정도로 결심이 흐지부지되고 예전의 생활로 돌아갔을 것이다.

오늘 당장 작은 습관부터 바꿔보자. 승리하는 하루를 맞이하기 위해 일어나자마자 항상 해야 할 일을 100번만 한다면 당신은 어느 순간 달라져 있을 것이다.

공간 속
습관의 힘

정
미
선

오랜 시간 수영과 스키등 아이들을 가르쳐온 베누스타 스포츠 단장. 디지털 온라인 세상에서 플랫폼 사업을 통해 세상을 바꿔보려 도전하는 리더 글로벌석세스빌더이다.
sun7484@hanmail.net

대단한 빵순이는 아니지만, 매일 아침 집 앞 빵집에 간다. 작년 가을쯤이었을까? 아직 어린 두 아이가 일어나기 전, 서둘러 처리할 일감을 싸들고 이곳을 찾은 적이 있다. 짧은 시간에 효율적으로 일을 끝낸 그 경험이 좋았던지, 이후엔 거의 매일 출근 도장을 찍고 있다.

내게 주어진 시간이라고 해 봐야 7시부터 8시, 고작한 시간. 하지만 이 짧은 시간에 오늘 하루의 계획은 물론 꽤 많은 일을 한다. 하루를 생산적인 일로 시작하는 그 루틴에 대한 만족도는 대단히 높다.

카페에서 공부하는 사람. 또는 그런 무리를 '카공족'이라 한다. 대학가는 물론 전국적으로 카페가 유행처럼 번지면서 이들 무리도 자연스럽게 늘어났다. 나 또한 그 작은 빵집에서 일이 더 잘 된다는 이유로 카공족을 자처하고 있다.

왜 집보다 스타벅스에서 공부가 더 잘 될까? 습관 전문가 제임스 클리어도 저서 <아주 작은 습관의 힘>에서 마침 이와 같은 이야기를 했다.

공간은 저마다의 역할이 있다. 우리는 사무실에서 일하고, 집에서 쉰다. 집에서도 안방에선 잠을 자고, 거실에선 온 가족이 모여 소통한다. 즉, 각 공간에는 사용자의 특정 습관이 배어 있다. 그래서 어느 한 공간에서 갑자기 다른 역할을 수행하기가 어려운 것이다.

그런데 왜 카페에선 일이 잘 될까? 색다른 커피숍이나 공원 벤치 등 새로운 자리로 가서 새로운 습관을 만들어 보면 과거의 신호들과 맞서 싸우지 않아도 되기 때문이다. 아울러 효율적인 업무를 넘어 창조적인 생각까지도 할 수 있다.

재택이라고 하면 말 그대로 집에 머물며 일하는 것이라고만 여긴다. 퇴근 후 익숙하게 텔레비전을 보며, 맥주 한잔을 하며 휴식을 취하던 습관의 장소에서 갑자기 다른 역할을 수행하기란 쉽지 않다. 공간은 현재의 습관을 계속 이어가도록 하는 촉매와 신호를 보내고 있으며 경쟁 신호들이 너무 많기 때문이다.

너무나 익숙하던 것들이 낯설게 되어버린 세상. 마치 어제와 비슷한 듯 같지만 비슷하지 않은 오늘이 우린 모두 낯설기만 하다. 변화에 피로감마저 점차 가중되는 시대다. 변화에 더 빨리 적응하고, 자기 정체성을 수정하고 확장해 나가기 위해 나의 환경과 습관들을 한번쯤 점검해 볼 필요가 있다. 세상은 앞으로도 계속해서 변화할 테니까.

습관을 살피고, 그 습관이 묻은 환경을 보고, 다시 더 좋은 습관을 만들 수 있도록 다양한 고민과 시도를 해본다면 더 좋은 결과가 만들어질 것이다. 결국 나를 만드는 것은 그 모든 습관에 의해서일 테니까 말이다.

익숙함과 편안함이 사라진 지금 세상이야말로 새로운 나를 성장시키고 변화시키는 기회의 타이밍이다.

카멜레온의
시야를
가져라

조
현
정

스토리를 파는 브랜드마케터입니다. 빠르게 변하고 있는 현실
속에서 트렌드 포인트를 찾고, 미래를 향해 한 발 한 발 성장하
고 있습니다.
moonmanjusri@naver.com

드라마 오징어 게임에 대한 반응이 뜨겁다. 달고나, 초록색 체육복을 비롯해 각종 놀이와 유행어가 주목받고 있지만, 정작 마케터로서의 이목을 사로잡은 부분은 따로 있다. 참가자들의 동작에 실시간으로 반응하며 사각지대 없이 캐치하는 카멜레온 카메라. 마치 마케터들의 한계를 어떻게 극복해야 하는지 직설적으로 보여주는 장치기 때문이다.

오징어 게임, 360도 카멜레온의 시야

'무궁화꽃이 피었습니다' 게임을 하던 과정에서, 카멜레온은 눈을 360도 회전시키며 사람들의 미세한 움직임을 관찰한다. 여기서 주목해야 할 점은 카멜레온의 시야이다. 카멜레온은 눈을 360도 굴리는 능력이 있다. 한쪽 눈은 앞을 보고, 나머지 눈은 주위를 둘러봐 천적의 유무를 감시하는 데 사용한다. 사각지대 없이 모든 것을 볼 수 있는 것이다.

그런데 어떤 목표를 바라볼 때 인간의 좁은 시야는 한계로 작용하기도 한다. 실제로 한 곳을 응시할 때, 인간의 시야는 160도에 불과하다. 보는 것보다 보지 못하고 놓치는 대상이 더 많다는 뜻이다. 이 좁은 시야가 마케터에겐 치명적인 약점일 수 있다.

160도 제한된 마케터의 관점

LG와 삼성에서는 동일하게 '김치 냉장고'라는 제품을 광고한다. 두 회사가 김치냉장고를 해석한 관점의 차이가 흥미롭다. 우선 LG의 경우, 자사 브랜드의 강점을 어필하기 위해 사용한 문구는 '유산균이 많아 김치가 맛있어지는 소리', '그 많은 유산균을 끝까지 살리는 소리'이다. 자사 제품을 사용하면 얻을 수 있는 이점, 즉 김치 냉장고의 기능적인 측면을 어필해 광고했다.

반면 삼성은 기능보다는 감성에 집중한다. 삼성은 김치가 대대로부터 내려온 엄마의 손맛이라는 점에 착안해 '할머니가 담그시던 김치가 엄마를 통해 딸의 김치가 된다'는 카피로 소비자의 감성을 자극했다. 같은 김치냉장고를 광고하더라도 마케터의 시선에 따라 제품에 덧입혀지는 스토리가 입혀진다. 이는 마케터가 바라보는 관점에 따라 소비자에게 전달되는 의미 자체가 달라질 수 있음을 의미한다. 때문에 마케터는 360도의 전방위적인 관점으로 대상을 바라보는 안목이 필요하다.

관점의 사각지대를 탈피하라

관점의 사전적인 정의는 '사물이나 현상을 관찰할 때, 그 사람이 보고 생각하는 태도나 방향 또는 처지'이다. 즉 개인의 생각과 방향성에 따라 관점은 얼마든지 달라질 수 있다. 두 마케터의 관점이 소비자의 니즈와 일치할 경우, 마케팅의 파급효과는 극대화된다.

하지만 앞서 말했듯 인간이 볼 수 있는 시야에는 한계가 있기 때문에 사각지대가 존재한다. 만약 마케터가 보지 못한 사각지대에 소비자의 니즈가 존재한다면 마케팅은 실패할 수밖에 없다. 그래서 마케터가 소비자와 소통하기 위해서는 상하좌우를 모두 살펴보는 안목이 필요하다.

물론 아무리 노력해도 혼자만의 힘으로 관점의 한계를 뛰어넘기란 어렵다. 시야를 돌리는 순간 다른 사각지대가 생기는 까닭이다. 이를 보완하기 위해서는 먼저 관점의 제약을 인정해야 한다. 아울러 관점을 확장할 수 있는 여러 마케터들과의 콜라보가 하나의 대안일 수 있다.

마케팅의 핫한 트렌드로 자리 잡은 콜라보 제품

식품, 유통 시장에는 지금 콜라보 제품의 열풍이 불고 있다. 기존의 것을 더해, 새로운 것을 창조해 맛과 재미를 잡은 이색 제품이 탄생하고 있다. 대표적인 예가 곰표 맥주이다. 곰표 밀맥주는 편의점 전체 맥주 상품 1위에 등극할 정도로 핫한, 소위 '인싸' 아이템이다. 맛 평가와는 무관하다. 그들이 소비하는 것은 맥주가 아니라 문화다. 구매 결정요인을 맛에서만 찾는다면 곰표 맥주의 유행은 이해하기 어렵다. 일차원적인 접근이다. 마케터는 철저히 소비자 관점에서 접근할 수 있어야 한다.

일차적인 관점 즉, 맥주의 구매 결정요인을 맛에 두고 있다면 곰표 맥주를 구매하는 소비자의 행위는 이해하기 어렵다. 마케터와 소비자의 관점 자체가 다른 것이다.

사각지대를 벗어나 소비자 이면의 관점을 파악하기 위해서는 내가 보고 있는 것보다 보지 못하는 것이 더 많다는 사실을 인정해야 한다. 제약된 시야, 즉 우물 안에서 벗어나려면 카멜레온처럼 360도로 다양한 관점으로 시장을 봐야하고, 협업은 이에 대한 좋은 대안이다.

역쇠권(驛衰圈),
신흥동 골목 인문학
'집(zip) 밖으로 나오다'

지
홍
선

중소벤처기업연수원 1등 강사, 기업강사들의 멘토, 기강공 교
수강사, 20년 현장강연 경험으로 코로나 위기에서도 리더십,
스피치, 공공서비스, 조직활성화, 기업 맞춤식 교육에 관한 두
권의 책을 펴낸 섭외 1순위 강사.
vcxz0113@hanmail.net

골목길을 돌고 돌아 만나는 그 좁은 길에도 사람이
살고 있다. 적막한 골목을 가득 메우지 않아도 사람이
살고 있다는 사실을 알고 있다. 어릴 때, 우리는 골목길
에서 살았다. 나이가 들어 어른이 되고서, 우리는 어릴
때 기억보다 더 빠르게 골목길을 밀어내고 있다. 높다
란 사람이 사는 곳에는 더이상 골목길이 없다. 사람들
은 이제 담벼락 안에서만 머문다.

안동과 포항을 잇는 철길 안포가도, 이 안포가도 건널목을 넘어서면 모갈숲 아래로 12개의 골목길을 품은 마을이 있다. 골목길 따라 덩굴처럼 얽혀진 집들 사이로 옹기종기 사람들이 살고 있는데, 포항 중앙동으로 합쳐지기 전 옛 이름 신흥동이 바로 그곳이다. 포항의 도시가 재편되고, 포항역이 중앙동에서 사라지면서, 역세권 중앙동은 쇠락의 길을 더욱 가속화하고 있다.

세월을 비껴가지 못하고, 시간을 그대로 흡수해버린 골목길에는 푸석한 브로크 벽돌 사이로 적막감만 흐른다. 포항 신흥동 마을은 약 300명의 주민이 거주하고 있고, 주민의 평균 나이는 60세가 넘는다. 이곳이 도시 재생 뉴딜사업으로 변화의 기회를 맞이하고, 3년째가 되어 사업의 결실에 대한 기대감은 커가고 있다.

우연한 기회에 마을 협의체 회장님과 이야기를 나누다가, 가뜩이나 사람 뜸한 이곳에 코로나 때문인지 어르신들이 집안으로 꽁꽁 숨어버린다고 한다. 아쉬운 까닭은 흐릿한 조명 아래, TV 조차 틀지 않고 그렇게 계신다는 것이다.

도시재생 뉴딜사업으로 마을의 주거환경과 공공시설이 확충되어, 머지않아 사람 살기 좋은 동네가 되겠지만, 그렇게 되기까지 마을 주민들은 더욱더 고립무원(孤立無援)이 되고 만다.

어려운 시기를 함께 보낸 사람들이 더욱 돈독해진다고 했다. 공사현장으로 변해버린 마을 주민들은 분진과 소음 등으로 변화를 위한 생치기의 시간을 함께 견뎌내고 있기에, 가까운 시일에 신나고 흥겨운 "신흥별곡"을 써내려 갈 것이다. 그날이 올 때까지 어르신들이 집안에 꼭꼭 숨지 않고 집 밖으로 나오도록 많은 사람들의 관심이 필요하다.

골목길 '집(Zip)'밖으로 나오다

집 밖으로 나오게 하기 위한 첫 번째 프로젝트가 바로 '골목 인문학 : 골목에 머물다'이다. 골목은 때로는 뙤약볕 피하게 하는 나무가 되고, 세찬 바람을 막아주는 방벽이 된다. 가가호호를 잇는 마당이며 작은 광장인 셈이다. 이 골목에 사람들을 머물게 하는 것, 바로 '골목 인문학'이다. 지홍선커뮤니티 독서 모임은 책을 이용한 다양한 시도를 해왔었다. 책을 통해 그림을 그리고, 책을 통해 북 콘서트를 열었었다. 이번엔 장소를 신흥동 골목으로 옮겨 신흥동마을 협의체의 도움으로 시작하였다.

집 밖으로 나오게 하는 두 번째 과정은 '넝마주이 :

골목을 지나치다'이다. 골목은 마당이기도 하지만, 골목은 사람들이 지나다니는 길이기도 하다. 공연히 지나침이 아닌, 옛 넝마주이가 하루 먹을 양식을 줍듯, 주위 환경을 정화하며, 주민들의 삶을 살피는 일이다. 신흥동에서도 '자율 환경 봉사단'을 만든다고 하니, 함께 거들어 더 많은 사람들이 지나다니는 활력있는 골목길이 될 듯하다.

2021년 10월 29일 되면, 약 31년간 용흥동과 시내를 이어주고, 철길을 건널 수 있게 해준 포항에서 가장 오래된 육교가 철거된다. 그리고 포항에서 가장 높은 복합건물이 들어선다고 한다. 역쇠권(驛衰圈) 신흥동이 다시 한번 옛 신흥동 부흥의 추억이 깃든 역세권(驛勢圈) 신흥동으로 탈바꿈할 기회. 신흥마을 사람들이 집밖 골목길에서 삼삼오오 어우러지고, 외지인들의 발길이 끊이지 않는 신흥마을이 어르신들을 집밖으로 나올 일이 더 많은, 행복한 삶터가 되기를 응원한다.

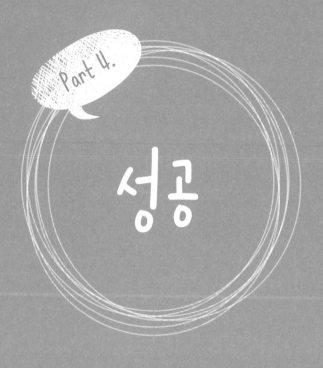

Part 4.

성공

성공하는
병원은
무엇이 다른가?

대한민국 간호사. 경희대 의료경영 석사 졸업 후 강의, 코칭, 메

김
은
진

대한민국 간호사. 경희대 의료경영 석사 졸업 후 강의, 코칭, 메
디컬 칼럼니스트로 행복한 의료 조직 문화를 만들어 성과로 연
결하는 일을 하고 있다. 의료계에 선한영향력을 전하는 방법에
대해 진지한 고민중이다.
kimeunjin_sophia@naver.com

한때 병원에 방문하는 사람을 '환자'라 불렀다. 지금
은 '고객'이라 부른다. 누구는 상업적이라며 비판하기
도 하지만 이러한 호칭 변화가 주는 의미는 크다. 과거
의료계는 공급자 중심이었다. 즉, 의료인이 중심이 되
어 환자에게 의료를 제공해왔다.

하지만 똑같은 의료 행위도 환자가 고객으로 바뀌는
순간 포커스가 달라진다. 수많은 기업은 고객 중심, 고
객 경험에 맞추어 서비스를 제공하며 더욱 성장했다.
이런 트렌드에 맞추어 병원에서 제공하는 의료도 '서비
스'라는 개념으로 인식 전환이 이루어지고 있다. 병원

의 시스템, 전체적인 분위기와 직원들의 유니폼까지도 한층 더 업그레이드되었다.

기존과 달라진 병원의 모습에 고객들은 만족을 보이며 찾아온다. 하지만 보이는 모습에 이끌려온 고객들이라면 언젠가는 또 떠날 수밖에 없다는 것을 기억해야 한다. 지속적으로 고객 만족을 유지할 수 있는 병원이 되기 위해 우리는 보이지 않는 내실까지도 탄탄하게 만들어야 한다. 그렇다면 전 직원이 함께 성공하는 병원을 만들어갈 수 있는 방법에 대해서 살펴보자.

첫째, 성공에 대하여 명확하게 공유하자

성공하는 병원은 어떤 병원인가? 환자가 많이 방문하는 것? 매출이 높은 것? 지역에 긍정적인 이미지를 갖는 것? 직원이 자주 바뀌지 않는 것? 사람마다 생각하는 기준이 모두 다르다.

성공이라는 단어는 지극히도 주관적이기 때문이다. 그렇기에 전 직원이 공감할 수 있는 구체적인 목표를 설정하고 공유해야 한다. 나아가 목표를 이루기 위해 시간과 장소를 포함하여 아주 구체적으로 세분화한다면 그 결과를 측정하기 쉬워진다. 개인, 조직, 병원 전체로 확장하여 한 단계씩 작은 성공을 자주 경험을 한다면 큰 목표에 대한 성공도 그리 어렵지 않다.

둘째, 긍정적인 내부 조직문화를 만들자

　　인간은 사회적인 관계를 맺으며 그 속에서 서로에게 크고, 작은 영향을 주고받으며 살아간다. 이것은 우리가 어떤 행동을 할 때 강력하게 작용할 수 있다. 그 예로 함께 근무하던 친한 직원이 부당한 대우를 받았다고 사직서를 제출하겠다 했을 때 주변은 동요하고, 어떤 경우에는 여러 명이 함께 비슷한 시기에 사직서를 제출하는 경우도 있었다.

　　이렇듯 직원들이 병원을 어떻게 생각하고 행동하느냐에 함께하는 직원들의 행동에 큰 영향을 미친다. 나아가 외부고객인 환자에게도 고스란히 전해진다. 병원의 내부 조직문화가 긍정적이라면 성공하는 병원을 만들기 위한 가장 강력한 원동력이라고 자부할 수 있다.

셋째, 기본에 충실하며 지속성 있게 유지하자

　　병원 교육이나 컨설팅을 하다 보면 성공하는 병원은 차별화가 있을 것이라고 그 노하우를 전해주기를 기대하는 경우가 많다. 그러나 지금껏 다녀본 병원 중 소위 매출이 높은 병원, 주변 병원보다 잘 되는 병원, 환자가 많은 병원의 특징에 대해서 이야기하면 '설마?' 하는 실망한 모습이나 '진짜요?'라는 당황한 모습을 보여주었다.

성공하는 병원은 정말 의외로 특별한 모습은 없다. 단, 전 직원이 어떠한 일이 있더라도 사소해 보이는 것을 놓치지 않는다. 인사, 고객 중심의 설명과 안내, 배웅 등 기본에 충실하다. 새로움을 더하거나 반짝 이벤트는 언제든 할 수 있다. 하지만 기본적인 것을 지속적으로 지킨다는 것은 의외로 어렵다.

수많은 병원이 성공하기를 원하고, 직원들 또한 성공한 병원에서 근무하기를 바란다. 하지만 성공은 혼자서 이루어지지 않으며, 한 번에 이루어지지 않는다. 전 직원이 합심하여 동일한 방향으로 움직여야 한다. 조금은 천천히 그러나 단단하게 말이다.

생각해 보라. 우리 병원은 어떤 모습의 성공을 원하고 있는가? 우리 병원의 조직문화는 어떠한가? 그 안에서 우리는 기본적인 무엇에 충실히 하고 있는가? 답을 찾지 못했더라도 실망하지 말자. 지금부터 고민해도 늦지 않으니 말이다. 그러나 한 가지 분명한 것은 우리의 생각이 모여 행동을 이끈다. 그렇다면 우리는 성공하는 병원을 만들기 위해 가장 먼저 무엇을 할 수 있을까?

꽁치의
이유 있는
변신

노
유
진

평범한 음식에 맛과 멋 이야기를 담아 새로운 가치를
창조해 드리는 푸드스토리텔러로 활동중입니다.
음식으로 세상과 소통하는 일을 도와드리는데 열정을
다하고 있습니다.
youjini2006@naver.com

한국인의 서민 밥상에 만만하게 오르는 생선이 있
다. 고등어와 꽁치다. 그 중 꽁치는 여느 횟집에 가더라
도 손님상의 한자리를 차지한다.

꽁치는 계절에 따라 맛이 다르다. 몸속의 지방 함유
량이 달라지기 때문이다. 꽁치의 지방은 여름에는 10%
에서 겨울에 가까워질수록 20%까지 오른다. 증가한 지
방 성분으로 꽁치는 더욱더 기름지고 윤기가 나며 육
질도 부드러워진다.

이렇듯 맛이 제대로 오른 꽁치를 내걸어 자연 상태
에서 냉동과 해동을 반복하다보면 반쯤 건조가 된다.

그게 바로 과메기다. 과메기는 얼었다 녹았다를 반복하는 과정에서 수분이 증발해 육질이 쫄깃해진다. 생선 내의 불포화지방산인 DHA와 오메가3 지방산, 핵산 또한 발효 농축되어 풍미도 좋다. 불포화지방산은 인체 내의 염증과 알레르기 유발을 억제하며 동물성 오메가3는 건강한 신체를 유지하는 데 도움을 준다. 그래서 과거 궁중에서도 단백질 섭취를 위해 자주 상에 올랐다.

과메기의 맛과 영양

과메기의 맛과 영양을 그대로 즐기기 위해서는 궁합이 맞는 식품과 함께 먹는 것이 좋다. 김이나 미역 등의 해조류는 물론 마늘, 고추, 배추, 쪽파 등과도 잘 어울린다. 각종 채소류를 곁들여 초장에 찍어 먹으면 감칠맛이 배가 된다.

꽁치보다 고소하면서도 차진 맛의 과메기는 비린내를 싫어하는 사람들도 먹기 편하며 소화력이 떨어진 사람이나 노인들의 보양식으로도 권할만하므로 겨울철 대표 보양식이라 해도 과언이 아니다.

꽁치는 이렇듯 특정 과정을 거쳐 과메기라는 새로운 정체성을 가지게 된다. 밤에는 차가운 해풍 속에서 쪼여지는 건조의 아픔을 이겨냈고, 낮에는 따뜻한 햇살

속에서 수분이 증발하면서 다양한 영양성분들이 농축되는 힘든 과정을 잘 견뎌낸 덕분이다.

지난 10월엔 난데없는 한파로 가을이 잠시 지워졌었다. 대한민국의 뚜렷한 계절 변화는 대체로 예측 가능하지만 이따금 예상치 못한 한파나 때이른 폭염을 겪기도 한다. 예기치 못한 추위와 더위 앞에서 우리는 자연 속에서 한없이 나약하고 취약한 존재임을 새삼 깨닫곤 한다.

현재의 코로나 19 사태 또한 같은 맥락에서 보면 예측 불가한 상황이었다. 세상의 변화에 저마다 대처하는 방식은 속도나 정도 면에서 개인별로 많은 차이가 있다.

기업의 측면에서 보면 변화는 피할 수 없는 과제이며 인간이 동태적으로 변화하는 존재인 이상 변화관리의 역량은 중요하다.

변화관리의 역량

일본의 자동차 기업 도요타와 미국의 음료 제조 기업 코카콜라, 미국의 자동차 기업 GE가 그러하다. 이들 글로벌 기업은 모두 시장의 변화를 잘 읽어냈고 발빠른 대응을 함으로써 기업의 또 다른 도약을 이끌어낸 대표적인 사례이다. 한때 휴대폰 시장을 점령했던 노키아나 모토롤라처럼 변화 관리에 실패할 경우 시장에서 철수를 피할수 없다. 따라서 개인이나 기업모두 변화 관리에 성공한 사례를 지속적으로 연구하고 관찰하는 노력이 필요하다.

11월부터는 사회 곳곳에서 위드 코로나로의 전환을 기대하며 벌써 축포를 터트리는 분위기다. 코로나 이전의 활기를 되찾을 것으로 예상하며 기대하고 있다. 하지만 이 또한 예측 불가한 상황이다. 우리는 이미 코로나 19의 상황에서 많은 생활의 변화를 겪었고 깨달았다. 세상은 절대 우리가 예측한 대로 돌아가지 않으며 삶의 모든 면에서 변화의 사이클이 많이 짧아졌다는 사실 말이다. 다시 예전의 생활 패턴으로 돌아갈 수 없음을 이제는 누구나 안다. 마냥 코로나 이전의 시대를 그리워 할 수만은 없다. 따라서 세상의 변화에 더 큰 관심을 가지고 위드 코로나가 가져올 우리의 삶을 예측하며 제대로 준비해야 한다. 모진 해풍과 따뜻한 햇볕이 꽁치를 전혀 새로운 과메기로 변화시킨 요인이었던 것처럼 어떠한 위기도 기회로 만들 수 있다는 자신감과 함께 자신만의 경쟁력을 갖춰야한다.

해풍과 햇볕을 감내한 후 전혀 새로운 모습으로 변모한 당신의 모습을 상상하면서.

명품의
시작

심
지
영

미래를 향한 여러분들의 꿈의 도전에 행복을 조율하는 해피메디에이터.
하브루타를 기반으로 한 역지사지 휴먼 러닝을 통해 여러분들의 행복한
성공을 기원합니다.
역지사지 휴먼 러닝 연구소장
happyshim21@naver.com

해마다 연말이 되면 당초 새해에 무슨 계획을 세웠는지 기억이 가물가물하다. 기억이 난다 하더라도 회피하고 싶다. 새해에 호기롭게 세웠던 독서, 금연, 다이어트, 운동 등등 이 중에서 단 하나라도 성공했다면 대단한 일이다. 오죽하면 금연에 성공했거나 다이어트에 성공한 사람과는 만나지 말라는 우스갯소리도 있으니 말이다. 얼마 독한 사람들인가. 신년계획은 언제쯤 해피엔딩을 맞이할 수 있을까?

계획은 거창하기보다 사소하더라도 꼭 실천할 수 있는 한 가지라도 세우기를 권한다. 여러 가지 계획보다

올해는 이것만큼은 반드시 해내겠다는 결심 하나면 족하다. 독서를 예로 들어 매월 한 권씩 일 년에 12권의 책을 읽겠다는 목표를 세우고, 어떻게 하면 가능한지 세부계획을 세운다. 두껍지 않은 가벼운 책으로 첫 달을 시작하면 좋다. 벼락치기가 아니라 책 읽는 시간을 따로 배정해 매일매일 하루 몇 페이지씩이라도 읽는 것이다. 첫 달, 첫 권 읽기가 성공했다면 성취감과 함께 자신감이 생긴다. 이를 바탕으로 두 번째 달에도 책 읽기에 다시 도전하는 것이다. 이 작은 성취감이 더 큰 성취감으로, 작은 도전이 큰 도전으로 이어진다.

3·3 그리고 10,000

습관 형성에는 3·3 법칙이 필요하다. 최소 3주 동안 거르지 않고 매일 반복하고 3개월 동안 지속하면 습관으로 형성된다. 그리고 그 습관을 바탕으로 더 큰 습관을 만들어 낼 수 있다.

습관하면 빠지지 않는 '1만 시간의 법칙'은 스웨덴의 심리학자 안데르스 에릭슨(Anders Ericsson)의 논문이 출처다. 한 분야의 달인, 전문가가 되려면 최소 1만 시간을 그 일에 몰두해야 한다는 것이다.

1만 시간을 물리적으로 계산해 보자. 하루 8시간씩 하루도 빠지지 않고 1,250일 약 3년하고 155일을 지속해야 채울 수 있는 시간이다. 쉽게 엄두를 내기 힘든 시간이다. 시작이 반이라는 격려는 이럴 때 필요하다.

건물마저 움직이는 열정

도쿄에는 <라 메종 키오이(La Maison Kioi)>라는 프렌치 레스토랑이 있다. 아픈 역사이긴 하지만 한국의 마지막 황태자 영친왕과 덕혜옹주가 머무르던 곳이다. '아카사카 프린스 클래식 하우스'로 도쿄의 문화재로 등재되어 있기도 하다. 이 건물은 1930년 영국 튜더왕조 시대 스타일로 지어져 아름다운 건축물로도 정평이 나있다. 하지만 이제는 이 건축물의 수려함보다는 위치가 세간에서 더 유명해졌다. 지금의 위치와 최초 세워졌던 자리가 다르기 때문이다.

주변 지역이 재개발될 당시 이 건물만큼은 허물지 않았다는데 대체 어찌 된 영문일까. 재개발 열풍이 닥친 도쿄에서 사람들은 이 멋진 건물을 직접 들어 옮기기로 결심했다. 1초에 1밀리미터씩 8일 동안 건물을 통째로 옮겨서 지금의 자리에 있게 되었다. 건물을 통째로 옮기다니. 지금 들어도 선뜻 믿기 어렵다.

등고자비(登高自卑)란 높은 곳에 올라가려면 낮은 곳에서부터 오른다는 말로, 일을 하는 데는 반드시 절차를 밟아야 한다는 뜻이다. 속담 '천리 길도 한 걸음부터'와 일맥상통 한다.

인생도 마찬가지다. 성공을 위해서는 일단 첫 발걸음을 떼야 한다. 그리고 성공에 도달하기까지 목표한 대로 매일매일 작은 습관부터 시작하면 된다. 3주, 석 달 그리고 1만 시간에 도달하기까지 노력하고 점검하기를 되풀이하면 그 과정 자체가 이미 성공이라 하겠다.

처음에는 티가 나지도 않고 차이를 느끼기도 어렵다. 지루함의 연속일 수도 있다. 하지만, 아무리 작은 습관이라도 형성되고 나면 그 자체로 명품이 된다. 명품은 하루아침에 만들어지지 않는다.

화폐 시장에서
살아남기!

염
선
빈

떠오르는 가상화폐의 전문적인 컨설팅을 진행하며, 대다수의
사람들은 코인에 대해 잘 알지 못하기 때문에 지식이 부족하거
나 궁금한 부분들을 채워드리고 세심한 노력을 통해 대한민국
가상화폐 시장의 전문가로 자리매김 하고 싶습니다.
duatjsqls97@naver.com

모든 시장경제에는 인간의 심리가 녹아있다. 심리에
따라 변화가 생기고, 누군가는 기회를 잡기도, 또 누군
가는 놓치기도 한다. 요즘 가장 뜨거운 키워드인 가상
화폐 시장 역시 사람의 심리는 굉장히 크게 작용한다.
그래서 매 순간순간 크든, 작든 투자자들을 선택의 기
로에 서게 만든다.그 선택에는 본인도 모르는 사이에
습관이 곁들여져 있다. 그리고 습관에는 좋은 습관과
그렇지 못한 습관이 존재한다.

근래에는 가상화폐의 대장주인 비트코인 가격이 8,000만원 이상 수직상승 하면서 가상화폐 시장이 다시 뜨거워졌다. 한때 비트코인의 급격한 하락으로 신뢰성을 잃고 사기라는 말이 굉장히 많이 돌았었다. 하지만 이번 급상승으로 다시 투자자들이 거래소로 몰리고 있다.

화폐시장에 뛰어드는 투자자들은 처음엔 다들 같은 생각을 한다.

"나는 특별해", "아니 왜 욕심을 내서 손해를 봐? 나는 안 그럴 텐데."

보통은 이러한 반응으로 나는 손해 보는 사람들과는 다르다는 생각과 화폐시장에서 성공한 투자자들의 사례를 보면서 시장에 들어온다.

가상화폐 시장에서 굉장히 유명한 20대 초반의 '워뇨띠'는 600만 원으로 3,000억을 만들어낸 한국의 'BNF'로 불리는 투자 고수이다. BNF는 일본에서 주식 오타쿠, 슈퍼개미로 불리며 2,000억 이상을 주식으로 자산을 증식시킨 인물이다.

한국의 BNF '워뇨띠'의 투자방법에 대해서 올라오는 정보들을 보면 의외로 굉장히 단순하다. 욕심내지 말 것, 타이밍을 기다릴 것, 나만의 매매습관을 만들 것.

이 정도가 고작이다. 너무나 간단하지만 실은 가장 어렵기도 하다. 이유 역시 간단하다. 사람 심리가 그렇지 않기 때문이다.

'누구는 600만 원으로 3,000억을 만들었다는데 내가 몇천, 몇억 만드는 게 안될까?' 싶은 것이다. 이 생각만으로 성공 사례에 이끌려 호기롭게 뛰어들었다가 엄청난 손해만 보는 투자자들이 대부분이다.

나만의 색깔 찾기

누구나 새로운 환경이나 처음 접하는 대상에는 겁을 먹는다. 내가 저걸 할 수 있을지에 대한 의문이 들고 먼저 시작한 사람들을 보면서 저 사람들은 진짜 전문가처럼 잘한다고 생각한다. 하지만 결국 누구나 똑같다. 실수를 통한 경험을 쌓고 경험이 계속되어 그것이 나만의 노하우가 된다.

가상화폐 시장에서도 마찬가지로 처음부터 전문가는 아무도 없었다. 투자금을 잃어보기도 하고, 돈을 벌어보기도 하면서 그 과정들이 반복되면서 나만의 노하우가 생긴다. 그러다 보면 성공 여부와 타이밍을 찾는 나만의 습관이 완성되는 것이다.

요컨대 남이 권하는 방법이 아닌 내가 스스로 겪고 느낀 것에 대한 나만의 습관, 나만의 노하우를 만들어야 한다. 예를 들어 아무리 많은 사람들이 성공했다는 다이어트 보조제도 나에게는 안 맞을 수 있다. 친구가 너무 맛있더라며 추천해 준 식당도 내 입맛에 맞지 않을 수 있다. 그런데, 이 모든 판단도 결국은 먹어보기 전까지는 내릴 수 없는 일이다. 먹어보고 직접 겪어봐야 다음에 또 사서 먹을지, 아니면 앞으로는 안 먹을지에 대한 경험적인 판단을 할 수가 있다.

노하우가 스며든다

가상화폐 시장에서는 정말 많은 투자자들의 심리적 요소가 보이고 다양한 스타일이 나온다. 이 많은 투자자들은 다들 제각각의 스타일을 가지고 가상화폐 시장에서 매매를 하고 있고, 다들 본인의 방식이 맞는다고 생각한다. 하지만 이들 모두가 투자에 성공하는 것은 아니다.

돈을 잃는 사람들과, 버는 사람들은 공통점과 차이점이 명확하다. 돈을 잃는 사람들도 투자를 할 때에 확신을 가지고 투자금을 넣는다. 하지만 외부적인 이슈, 본인이 생각했던 방향과는 다른 움직임을 보면서 내 판단이 틀렸나 하는 생각과 투자금이 사라질 수도 있다는 불안감에 조금의 손해를 보고 뛰쳐나오고 그것을 계속 반복한다.

반면 돈을 버는 사람들은 잃는 사람들과 마찬가지로 투자를 할 때 본인의 판단에 확신을 가지고 들어가긴 한다. 하지만 본인들이 생각하는 방향에 대한 근거와 줏대를 가지고 외부적인 이슈나, 기삿거리에 휘둘리지 않고 본인이 생각했던 타이밍까지 꿋꿋하게 버틴다.

투자자들은 돈을 버는 사람, 잃는 사람들을 둘 다 봐도 또 같은 실수를 반복한다. 아직 노하우가 없기 때문이다. 당장 오늘 실수를 해서 돈을 잃어도 내가 잘못된 부분을 인지하고 경험이 됐다면 그것은 손해가 아니다. 우리가 가져야 할 것은 지금 당장 눈앞에 돈이 아니라 '나만의 습관', '나만의 노하우'이기 때문이다.

당장 눈앞에 있는 돈을 바라볼 것이 아니라 실수를 통한 경험, 경험을 통한 노하우, 노하우가 습관으로 스며든다면 돈은 자동으로 따라올 것이다.

오
지
영

체육학을 전공하고 치료운동사, 수중재활사를 거치며 거쳐 진
정한 평화와 건강은 내적 성장이 중심에 있다는 깨달음으로 내
적,영적 성장을 위한 여행중이다.
ohjy77@daum.net

체육대학을 다니던 시절 이야기다. 필수 과목 중 하나인 수영을 배우게 됐는데, 평소 물을 참 좋아했기에 무척이나 기대하고 있었다. 대한민국 최고 수준의 대학이니 시설은 말할 것도 없고, 당연히 지도하는 강사도 최고일 것이라 여겼다. 그러나 현실은 달랐다.

전문가도 아니고 고작 몇 학번 위의 선배들로부터 배우는 수영 강습 시간은 신입생들에겐 공포 그 자체였다. 자세한 설명도 없이 일단 입수부터 시작해 고성과 폭력도 잦았다. 결국 서른명이 넘던 수영부 동기들은 겨우 몇 개월 사이 다섯 명만 남아버렸다. 비단 우리

학교뿐이겠나. 소위 대한민국 최고라는 대학이 체육 교육의 어두운 단면을 적나라하게 보여주었다.

지금도 잊을만하면 터지는 체육계 폭력사태나 인권 문제는 비단 어제오늘만의 일이 아니다. 하루 이틀 곪아서 생긴 문제도 아닐 터. 아직도 군대식 상명하복의 체육계 시스템은 언제든 비슷한 사건들이 반복될 수 있음을 시사한다.

실제 대학을 졸업하고 한참이나 지나 다시 찾은 수영장에서 여전히 대학교 수영장에서 겪었던 장면을 다시 볼 수 있었다. 10년이 지나는 동안 전혀 변하지 않은 것이다.

2007년 무렵 강남 대치동은 한창 개인레슨이 성행하기 시작했다. 해외 중, 고등학교에 수영이 필수 교과목으로 운영된다는 소식을 접하면서 부터다. 방과 후가 되면 엄마들은 아이들 손을 잡고 스포츠센터에 찾아와 개인 레슨을 시키며 아이들의 유학 준비에 열과 성을 다하는 분위기였다.

그 수영장 수영강사들은 아이들을 대상으로 고성과 체벌도 서슴치 않고 레슨에 열을 냈고, 이 모든 상황을 그저 방관만 하는 학부모와 주변인들에게 나는 다시 한번 충격을 받았다. 성과를 위해서는 무엇인가 포기하고 감수하는 것이 당연하다고 여기는 분위기는 언제쯤 바뀔 수 있을까?

　당시 대학 동기이자 이미 대치동 1타 강사였던 친구가 스포츠 학원을 오픈했다. 조력자로 학원 운영에 참여하게 되면서 한가지 결심을 했다. 아이들의 유년시절에 가장 즐겁고 아름다운 추억과 스스로를 이겨낸 경험을 통해 스스로를 자랑스러워하는, 뿌리 깊은 자존감을 심어주는 교육을 하겠노라고.

　자연스럽게 아이들의 마음에서, 부모의 마음에서 수영을 배우는 과정과 결과에 대해 관점을 바꿔가기 시작했고, 그 당시 누구도 하지 않았던 개인 차량 픽업과 선생님이 탈의와 샤워까지 함께 이동하며 정성스럽게 보살폈다. 그 어떠한 체벌도 고성도 없이 수영 동작들을 아이들이 이해하기 쉽게 표현하며(동물들이나 친근한 대상 흉내내기 등) 수업의 분위기를 바꾸어가기 시작했다.

　결과는 가히 폭발적이였다. 학부모들은 열광했고, 아이들은 즐거워했다. 지금이야 동네마다 어린이수영클럽이 생겼고, 차량부터 케어까지 운영하는 곳이 넘쳐나지만 정확히 10년 앞서 시도했던 레슨 방식이였다. 무엇이 우리를 새로운 관점으로 교육사업의 방향을 잡고 성공까지 이어지게 했을까? 그동안 기성 교육계에서는 아이들의 마음을, 부모의 마음을 안 본 것인가, 못본 것인가?

당연함을 부정해야 한다. 당연함에는 변화가 존재할 수 없다. 변화하지 못하면 성장하지 못하고 도태된다. 도태된다면 사라진다.

누구나 성공하고 싶고 남다른 창의적 능력으로 내 분야에서 인정받고 살아남고 싶을 것이다. 그 남다른 창의적 관점은 사랑과 관심 그리고 정의로운 마음에서 온다. 나보다는 상대의 입장에서 그들의 마음을 이해하고 함께 공감하는 것부터가 진짜 나만의 성공키워드를 찾는 길이다.

아무리 기계가 많은 것들을 대신하는 시대가 왔다고 해도, 결국 모든 일은 사람과 사람이 연결됨으로써 이루어진다. 가장 인간답게 생각하고 사랑을 중심에 둔 시각만 잃지 않는다면 누구나 남들이 미처 발견하지 못한 보석같은 기회를 갖게 될 것이다. 사랑이 가장 단순하지만 가장 강력한 성공 방정식인 것이다.

당신이
다이어트에
실패할 수밖에 없는
이유

인천 교육청 일반행정직 공무원. 공무원의 시야 밖에서 좀 더 나은 미래를 만드는데 힘을 보태는 사람이고자 합니다.

1월의 헬스장 풍경을 본 적이 있는가. 여기 사람이 이렇게 많았나? 싶을 정도로 북적인다. 트레드밀 자리가 없어 한참 다른 기구 주변을 기웃거리며 눈치싸움을 하다 잽싸게 올라가야 겨우 탈 수 있을 정도다.

하지만 걱정하지 마시라. 이 인파, 곧 사그라질 테니. 한 달 남짓 북적거리던 헬스장은 고작 석 달을 못 넘기고 이내 예년과 다름없는 풍경으로 돌아온다. 비가 오나 눈이 오나 늘 출석하는 헬스장 고정 NPC들과 소수의 신입들, 드물게 꾸준히 나오는 사람 몇몇만이 남는다. 신년 초의 다짐이 무색할 정도다.

221   PART 4 . 성공_당신이 다이어트에 실패할 수밖에 없는 이유 - 이정임

간혹 운동보다 식단이 더 큰 문제라고 주장하는 사람들도 있다. 완벽하다는 식단을 제시하기도 한다. 연예인 누구의 식단인데 매 끼니 작은 고구마와 사과 반쪽으로 거의 10kg를 감량했다고. 혹은 덴마크 어딘가 병원에서 시작했다는, 매일 자몽과 샐러리를 주식으로 하는 식단도 있다. 인터넷만 잠깐 찾아보아도 식단에 대한 글은 수백 페이지에 달한다. 그런데 한결같이 식단이 중요하다는 사실은 인정하지만, 오래 유지하는 경우는 드물다.

다이어트를 하는 이유

보통 다이어트를 결심하면 다들 저마다의 목표를 세운다. 누구는 체중의 앞자리를 바꾸고 싶어 하고, 누구는 한 치수 작은 원피스를 미리 사둔다. 고가의 바디프로필 촬영을 예약하기도 한다. 목표가 있어야 동기부여가 된다고 믿기 때문이다. 그렇게 해서 목표를 달성하고 나면 이후는 어떻게 될까? 삶이 180도 달라질까? 우리가 흔히 생각하는 목표는 일종의 결과물에 불과하다. 여기서 딜레마가 생긴다.

처음엔 대부분 의지를 불태우며 과감한 계획을 세운다. 저녁은 먹지 않는다던가, 운동은 하루에 한 시간씩 꼭 한다던가, 점심은 샐러드만으로 때운다든가 하는 식이다. 초반엔 다들 그럭저럭 잘 따라간다. 의지가 충만한 때니까. 그런데 시간이 흐를수록 점점 지키기 어려워진다.

특히 초반 감량기를 지나 정체기에 들어서면 더욱 그렇다. 힘이야 들어도, 눈에 보이는 결과가 있으면 더 해낼 힘이 생긴다. 그런데 힘은 힘대로 들고 눈에 보이는 결과도 없다면 하나둘 포기하기 시작한다. '꼭 45kg일 필요는 없잖아.', '꼭 바디프로필을 찍어야 하나?'라는 생각이 스멀스멀 올라온다. 이 과정에서 초반 목표는 아무 도움이 안 된다. 왜? 그냥 '결과'일 뿐이기 때문이다.

결과는 부산물이다. 결과물을 이뤄내기까지의 과정은 행동에서 일어난다. 그리고 이 행동은 결국 시스템이 만든다. 즉, 시스템은 다이어트 성공을 위한 계획이다. 그런데 다이어트의 경우, 사람들은 욕심 때문에 무리한 시스템을 세운다.

초반이야 한 시간씩 운동하고 저녁 한 끼 건너뛸 수도 있겠지만, 나중엔 어떤가. 우리 몸은 그렇게 단순하지 않다. 평소 안 하던 행동을 하면 생존의 위협을 느낀다. 에너지를 덜 소비하고 체중을 비축하려 든다. 이 과정에서 자꾸 예전 습관으로 돌아가기를 반복한다. 수만 년 동안 인류는 그렇게 생존하고 진화해 오지 않았던가.

간혹 사람들은 이런 사례를 두고 인내심이 없다, 의지가 없다 평한다. 그러나 의지는 아무 데서나 불시에 시험하는 것이 아니다. 인내와 의지는 감당할 수 있는 적절한 환경에서 발휘된다. 잘 지켜주고 간직하다가 쓸만한 곳에서 숨겨뒀던 보너스 카드처럼 쓰는 것이다. 샐러드만 파는 곳에서 샐러드를 한 끼 식사로 선택하는 건 어렵지 않다. 그러나 불판 위에서 지글지글 익어가는 고기를 앞에 두고 풀떼기 한 접시가 주어진 환경에서 의지는 제대로 발휘될 수 없다. 결국, 어떤 시스템 안에 들어와 있느냐에 따라 다이어트를 얼마나 '오래' '잘' 끌고 나갈 수 있는지 결정되는 것이다.

정체성 형성하고 시스템 구축하기

그렇다면 시스템은 어떻게 만들어야 할까? 정체성이 우선이다. 사람은 믿는 대로 행동한다. 내가 어떤 사람이냐에 따라 행동이 결정된다. 사람마다 다이어트를 하려는 이유가 있다. 내가 바디프로필이라는 결과를 얻고 싶다면, 그 사진 속 몸에 대한 욕망이 있기 때문이다.

그렇다면 나의 정체성은 사진 한 장이 아니라 '건강하고 탄탄한 몸을 가진 사람'이다. 여기서부터 시작해야 한다. 건강한 사람은 물을 많이 마시고, 운동도 자주 한다. 그렇지만 운동에 대한 스트레스는 받지 않는다.

건강하다 보니 삶에 활력이 넘쳐나고, 남들보다 좀 더 긍정적인 사고방식을 가지고 있다. 평소 생활도 아마 활동적일 가능성이 크다.

이런 키워드를 내 시스템에 하나씩 넣어보는 것이다. 다만, 시스템은 절대 극단적이거나 힘들어선 안 된다. 시스템은 단순해서 많이 반복할 수 있고, 그래서 오래 할 수 있는 것이어야 한다. 여러 번 반복하려면, 무엇보다도 쉬워야 한다. 예를 들면 물을 자주 마시기 위해 큰 물통을 집안 곳곳에 비치해 둔다. 혹은 신발장엔 운동화 위주로 비치하고, 구두는 손이 안 닿는 곳에 놓는다. 또 국물 음식을 먹을 때 국자는 구멍이 뚫린 것으로 사용한다던가, 배달 어플의 비번을 무작위로 바꾸고 지워버린다든가 하는 그런 식이다.

이런 작은 습관들이 쌓이면 새로운 습관을 더할 수 있다. 이때는 조금 더 어려워도 괜찮다. 이미 작은 성공의 기쁨을 맛봤기 때문이다. 작은 성공들은 더 큰 시스템 또한 어렵지 않게 해낼 수 있다는 확신을 준다. 그러다 이런 습관에 대한 의문이 생길 땐? 그땐 나의 정체성을 떠올려보면 된다. 정체성에 대한 확신은 시스템에 대한 의구심을 날려버리거나, 약간의 조정으로 더 나은 시스템을 구축할 힘을 부여한다.

누가 그랬던가. 다이어트는 평생 가지고 갈 숙제라

고. 대부분에게 그렇듯 일 년 중 잠깐씩 튀어나오는 계절 이벤트가 아닌 삶의 일부이다. 그렇다면 힘들지 않게 가져가야 평생을 함께할 것이다. 나에겐 다이어트가 그렇다. 당신의 정체성은 무엇인가? 당신의 정체성이 당신의 행동을, 시스템을 결정하고 결국 당신을 만들 것이다.

나를 먼저
공감하자

이
현
아

심리학을 전공하고 교육현장에서 강사로 활동하고 있습니다.
청소년들의 꿈을 응원하고 지식보다는 지혜를 나누고 머리가
아닌 마음으로 공감하는 따뜻한 인생멘토가 되고 싶습니다.
ioome57@naver.com

시작은 대개 호기심에서 비롯된다. 심리학 공부도 마찬가지여서, 자기 자신에 대한 궁금증에서 출발하는 경우가 많다. 과연 내가 어떤 사람인지, 생각과 행동의 뿌리가 어디에 있는지 알고 싶어서다. 그래서 심리학 공부를 할 때 '나'라는 존재는 더할 나위 없이 훌륭한 교재이다. 먼저 나 자신에 대해 관심을 가지고 잘 알아야 타인의 말과 행동도 비로소 눈에 들어온다.

사람들은 자기 자신에 대한 정의를 스스로 찾아내기도 하지만, 혼자서는 버거워 가까운 지인이나 전문가의 도움을 받기도 한다. 심리상담은 전문 지식과 능력

을 갖춘 상담사와 도움이 필요한 내담자와의 상호작용으로 내담자가 원하는 목표를 이루기 위한 심리적인 활동이다.

심리상담 과정에서는 내담자가 누구에게도 내비치지 못했던 속마음을 털어놓는 순간이다. 따라서 처음 방문에는 용기가 필요하다. 반면, 상담자는 내담자의 이야기를 경청하는데 많은 에너지가 쓰인다. 또한 자신의 기준만으로 내담자를 판단하거나 평가하지 않도록 주의를 기울여야 한다. 내담자를 온전히 존중하고 수용하는 태도가 기본이다.

이야기를 경청

상담사들과 이야기를 나누다 보면 똑같은 상담을 해도 어떤 경우는 기운이 생겨 내담자에게 에너지를 나눠줄 때가 있는가 하면, 또 어떤 경우엔 오히려 '기가 빨린다'고 토로하기도 한다.

같은 맥락에서 강의도 마찬가지다. 청중과 기운을 나누는 강사가 있는가 하면 일방적으로 자신의 에너지를 다 퍼주고 정작 본인은 소진 되어버리는 경우도 있다. 이 차이는 과연 어디에 있을까?

상담 일을 하면서 깨닫게 된 사실이 하나 있다. 남의 이야기를 듣는 것보다 내 이야기를 더 하고 싶어하는 사람이라는 것이다. 그 이후로 개인 상담보다 많은 사람들 앞에 서서 나의 경험과 생각 등을 나누고 있다.

어떤 사람들은 많은 청중 앞에 서고 나면 "기가 빨린다"라고 말한다. 하지만 나는 오히려 기를 받고 에너지가 충전이 된다. 만약 배움에 머물러 계속 상담 일에만 전념했다면 어땠을까. 나 자신에 대한 성찰이 없었다면 스트레스로 인해 내 몸이 많이 망가졌을지도 모르는 일이다.

강사 일을 매진하던 중, 하루는 문득 시대의 변화와 흐름이 피부로 느껴질 때가 있다. 교육 분야만 하더라도 비대면이 익숙해졌고, 나아가 세상은 가상현실이라든가, AI와 대화까지 하는 시대다. 인공지능의 등장으로 많은 것들이 대체되고 있고 급변하는 사회 속에서 누구는 두려움을 느끼겠지만 또 누구는 거꾸로 기대감을 가지기도 한다.

나 사용법을 제대로 알기

세상은 늘 내 걸음보다 한 템포 빠르게 변한다. 급변하는 환경에 제대로 된 대처를 위해서는 세상보단 오히려 나에게 먼저 집중을 해야 한다. 새로운 기술과 지식을 익히는 것도 물론 중요하지만 그 전에 나에 대한 성찰이 우선이다. 거창하게 심리학까지 배울 필요는 없겠지만 내가 무엇을 좋아하고 또 싫어하는지, 어떤 환경에서 편안함을 느끼고 또 내가 가진 능력을 제대로 발휘할 수 있는지 정도는 알고 있어야 한다. 즉, 나 사용법을 제대로 알고 있다면 아무리 빠르게 변하는 세상 속에서도 그 중심에 우뚝 설 수 있지 않을까?

날마다
기적을 불러오는
습관

**조
재
숙**

귀를 통한 전인치유 전문가로써 건강하고 행복하며 아름다운
삶을 살도록 컨설팅하는 사람입니다. 이를 위해 끊임없이 연구
하고 교육하는 평생교육사입니다.
eduear.cho@gmail.com

아주 작고 소소한 일상뿐만 아니라 열악한 상황에서
조차 '감사하는 습관'을 가지고 살아간다면 어떤 일이
벌어질까? 날마다 감사하는 습관만으로도 우리 삶에
기적을 불러일으킬 수 있다. 그것도 매일 매일.

넬슨 만델라, 세계인의 존경을 받는 전(前) 남아프리
카 공화국 대통령이다. 그는 변호사로 재임하던 시절
흑인들의 인권을 찾기 위해 싸우다가 감옥에 수감되고
만다. 무려 27년간 감옥살이를 하다가 출옥할 때 사람
들은 그가 아주 허약한 상태로 나오리라 예상했었다.
그러나 우려와 달리 70세가 넘는 나이에도 불구하고

매우 건강하고 씩씩한 모습으로 걸어 나와서 다들 깜짝 놀랐다고 한다.

"나는 하늘을 보고 감사하고, 땅을 보고 감사하고, 물을 마시며 감사하고, 음식을 먹으며 감사했다. 강제 노동할 때도 감사했다. 그렇게 감사했기 때문에 건강을 지킬 수가 있었다."

이것은 참담한 감옥의 밑바닥에서도 감사가 일궈낸 하나의 기적이다. 감사하는 사람은 이런 위기 상황에서도 건강을 지켜 낼 뿐 아니라 어떤 고난도 지혜롭게 극복할 수 있음을 보여준 사례다.

감사 감사

감동할 '감(感)'에 사례할 '사(謝)'. '감사'란 '고마움을 느낌, 고마움에 대한 인사'라는 뜻이다. 영어 'Thank you'는 '감사함을 전하다'라는 뜻을 지닌 고대 영어 'Pancisn'에서 어원의 뿌리를 두는데, 이 'panc'는 '생각(Think)'에서 파생된 낱말이라고 한다. 옥스퍼드 영어사전은 감사란 '고마워하는 특성이나 상태, 호의에 대한 보답하려는 의도'라고 기술하고 있다. 그리고 영어에서 구어체로 쓰이는 'gratitude'는 라틴어의 '기쁘게 함'을 의미하는 'gratus'에서 유래된 말이다.

하버드대 조직행동학의 탈 벤 샤흐르 박사는 감사를

뜻하는 영단어 'appreciate'에 두 가지 의미가 있다고 말한다. 하나는 '어떤 사건에 대해 당연하게 생각하지 않고 감격스러워한다'라는 뜻이고, 또 하나는 '가치가 오른다'라는 뜻이라고 한다. 요약하면, '감사(感謝)'란 은혜를 베푼 상대방이나 상황을 생각하며 진심으로 기쁘게 감동하여 그를 소중하게 여기며 높이는 표현이다.

한편 감사는 뇌신경과 호르몬을 변화시키기도 한다. KBS <감사가 뇌를 바꾼다>라는 교양 프로그램에서는 감사가 진짜 사람을 바꾸는 힘이 있는지에 대한 실험을 했다. 어느 한 초등학교 학생들을 3개월 동안 관찰한 결과 감사에 대한 발견과 반복적인 훈련은 아이들에게 자기 성찰의 시간을 제공하는 것으로 나타났다. 이는 뇌의 피로도와 스트레스를 낮추는 한편 자기 긍정의 요인들이 향상되는 변화를 일으켰다.

감사가 뇌를 바꾼다

과학자들은 실제로 감사가 뇌를 물리적, 화학적으로 변화시킨다고 말한다. 감사는 행복 호르몬을 활성화시킬 뿐만 아니라, 이로 인해 활성화된 세 개의 호르몬(옥시토신과 도파민, 세로토닌)은 삶을 긍정적으로 보는 차원을 넘어 창의력과 삶의 열정까지 가져온다. 미국 UCLA 의대에서 감사와 호르몬의 변화에 관해 연구한 로버트 마우어 박사를 비롯해 감사와 뇌의 관계에 관한 흥미로운 저서를 출간한 뇌신경학자 알렉스 코브 등의 연구 결과다. 연세대학교 의과대학의 신경전문의 김재진 교수 역시 FMRI(기능적 자기공명영상) 실험을 통해 감사 습관이 삶을 긍정적으로 활성화시킨다는 사실을 확인했다.

사람이 생의 마지막을 맞이할 때 가장 미련을 갖는 감정도 역시 감사함이라고 한다. 일본의 호스피스 전문의사인 오츠 슈이치는 1,000명의 말기 환자들이 남기는 마지막 후회들을 모아 <죽을 때 후회하는 스물다섯 가지>라는 제목의 책을 출간했다. 첫 번째 후회가 '사랑하는 사람에게 고맙다는 말을 했더라면'이었다고 한다.

"고마웠다.", "감사했다."

거의 모든 사람들이 생의 마지막 순간에 전하는 마지막 메시지다. 비록 숨을 거두는 순간이라 할지라도 감사로 가득할 때 기적이라는 놀라운 일들이 전개된다. 무조건적이고 지속적인 강력한 '감사 에너지'에는 우리의 삶을 평범함에서 탁월함으로, 고난에서 기쁨으로, 실패에서 성공으로 이끄는 힘이 있다.

하지만 우리가 살면서 처하는 온갖 어려운 상황에서도 감사한 마음을 갖기란 쉽지 않다. 온갖 좌절과 절망,

불안이나 우울감이 먼저 엄습하기 때문이다. 그러한 감정들과 싸우다 보면 쉽게 감사를 놓치게 된다. 특히 감사가 없는 이들이 겪는 생의 마지막 순간은 그저 공포와 죄책감만이 마음을 가득 채운다.

처음엔 의식적으로 사소한 일상에서도 감사를 찾아낼 필요가 있다. 감사한 마음이 행동으로 나타나 습관이 되기까지 부단히 노력해야 한다. 감사를 한순간이 아닌 안정적인 습관이 되도록 해야 한다. 일단 습관이 되면 관성의 탄력이 붙어 감사가 훨씬 쉬워질 것이다.

감사를 습관화하기 위해서는 무엇보다 감사의 가치를 알아가는 것이 중요하다. 사람은 누구나 자신이 가치가 있다고 느끼는 일에 최선을 다한다. 자신의 삶 속에 가치를 어디에 두느냐에 따라 실천과 습관화에 큰 영향을 준다. 감사의 가치를 최우선 순위에 두게 되면, 자신의 삶이 감사가 이끄는 삶으로 살아갈 수 있게 된다.

감사를 습관화하면 비로소 우리의 몸과 마음도 치유되기 시작한다. 감사는 스트레스를 완화 시키고 면역계를 강화하며 에너지를 높이고 치유를 촉진한다. 그래서 감사의 습관이 기적을 만드는 것이다. 우리의 삶은 한순간의 변화로 만들어지는 것이 아니라, 일상적인 습관의 결과로 성공한 삶이 됨을 기억하자.

해빗(habit)을
마케팅하라

조
현
정

스토리를 파는 브랜드마케터입니다. 빠르게 변하고 있는 현실
속에서 트렌드 포인트를 찾고, 미래를 향해 한 발 한 발 성장하
고 있습니다.
moonmanjusri@naver.com

　　마케팅도 진화한다. 1세대에서는 주로 기능을 강조
하며 필요성에 초점을 맞췄다. 2세대로 넘어와서는 소
비자의 감성을 자극해 구매 욕구를 촉진했다. 이 두 방
식은 기업이 소비자에게 일방적으로 정보를 전달한다
는 공통점이 있다. 이는 소비자의 흥미를 유발해, 단발
적인 소비를 끌어낼 수 있다는 장점은 있으나 충성 고
객으로 만들긴 어렵다. 제품 만족도를 기업에 대한 충
성심으로 전환하는 연결고리를 찾기 쉽지 않은 까닭이
다. 이에 대한 해법이 바로 3세대 마케팅, 이른바 '해비
케팅'이다.

　해비케팅은 습관을 뜻하는 'habit'과 'marketing'을 합친 말이다. 삶의 질을 추구하는 MZ세대의 등장과 성공보다는 지속적인 성장을 추구하는 업글인간이 트렌드화 되면서, 변화되는 소비자의 가치관을 발맞춰 진화한 마케팅 개념이다. 암웨이 'A7070', 호텔신라 '미라클모닝', 수면과 식단, 운동을 관리하는 '50일 사운드 바디챌린저스' 등이 대표적인 해비케팅에 속한다.

　이 생소한 개념을 쉽게 이해할 수 있을 만한 사례가 바로 암웨이의 자기계발 프로그램 'A7070'이다. 참가자는 운동, 명상, 독서 등의 혼자 하기 어려운 습관들을 그룹으로 모여 함께 수행하게 된다. 매일 아침 동기부여 메시지를 보내고, SNS 플랫폼을 통해 오늘의 습관을 공유하게끔 유도함으로써 성공을 응원한다. 미션 수행을 완수한 참가자에게 마일리지 등의 보상을 제공하기도 한다.

　A7070 프로그램은 소비자 개인의 자기계발을 도울 뿐만 아니라 기업에 대한 긍정적인 반응과 정서적인 공감까지 이끌어낸다. 이는 소비자와 기업 모두가 서로 도움이 되는 결과를 낳는다. 기업은 해비케팅을 통해 가랑비에 옷 젖는 것처럼 자사의 철학과 제품의 특성을 서서히 소비자에게 익숙하게 만든다. 그리고 마

침내 소비자는 작은 성공을 통한 자존감과 성장이라는 긍정적 경험을 기업을 통해 누리게 된다.

소비자와 함께 만드는 스토리

해비케팅의 핵심가치는 기업과 소비자 간의 쌍방 소통에 있다. 일방적으로 제품을 홍보하는 과거의 방식과 달리 소비자가 기업에서 제공한 프로그램에 직접 참여하는 방식이기에, 참여한 순간 기업에 대한 충성심을 갖게 될 가능성이 높다. 실제로 A7070 프로그램 진행 당시 매출은 기존 대비 2배 이상 껑충 뛰었다. 해비케팅 도입이 기업 매출에 얼마나 파급적인 효과를 내는지 단적으로 보여주는 사례다.

언택트 시대 이후 소비자들은 가치 중심을 '나'로 두기 시작했다. 외부로 흘러 보내던 에너지를 자기계발과 성장을 위해 쓴다. 앞으로 기업 마케팅 담당자들은 이러한 소비자의 변화 트렌드에 주목하고, 발 빠르게 도입해야 우위를 선점할 수 있을 것이다.

Part 5.

행복

당연한 것은
없다

김
희
경

부모교육전문가로서 가족치료와 상담심리를 전공하고, 20년간
부모와 아이들을 만나 상담과 교육을 진행하고 있습니다. 어머
님들이 지어주신 '마음약사'라는 별명처럼 세상의 많은 사람들
의 마음을 치유하고, 한 뼘 성장하는 그 순간에 동행하는 사람
이 되고 싶습니다.
banglgom@nate.com

부모교육을 하다보면, 부모들이 아이에 대해 당연한
듯 기대와 요구를 하는 경우를 본다.

"이 정도 나이가 됐으면 이쯤은 당연히 해야 하는 거
아닐까요?"

이제 겨우 갓 초등학교에 입학한 아이들에게 향한
과도한 기대를 그대로 돌려주면 어떨까?

"40살 어른, 엄마라면 아이의 성장 과정을 당연히 이
해해 줘야 하는 것이 아닌가요?"

학부모가 이 정도도 이해 못하냐? 아이를 위해 이쯤
은 당연히 해줘야 하는 거 아니냐? 이렇게 말한다면 어

떨까? 아마 거센 항의와 비난이 돌아오겠지. 그런데 왜, 아이들에게는 이런 요구를 아무렇지도 않게 하는가.

세상에 당연한 것은 없다

그 나이에 이 정도는 해야 한다는 기준은 대체 누가 만든 걸까? 과연 정당한가? 따져본다면 불합리함을 알겠으나 사실 어떤 기준이라는 건 의식하지 못하는 사이, 원하지도 않는데 자꾸 주어진다. 그 기준을 무시하려면 중심을 잡는 내공이 필요하다. 그런데, 이게 꽤 힘들다.

특정 나이에만 이르면 누구나 당연히 뭔가를 이룰 수 있다면 꽤나 괜찮은 세상이겠다. 당연히 잘 자란, 괜찮은 어른들만 존재할 테니 말이다. 하지만 어디 세상이 그렇던가.

세상에 당연한 것은 없다. 거저 주어지지도 않고. 무언가를 한다, 어떤 사람이 된다라는 것은 어마어마한 노력과 수고가 들어간다. 그 수고로움을 조금만 가까이에서 들여다보면 그 무엇도 당연하지 않음을 알 수 있다.

'8살이면 이 정도는 해야 한다'라는 기준이 있다면, 마흔이 넘은 엄마에게도 '당연히 그래야 한다'는 기준이 적용되어야 한다. 그런데, 어디 당연한 것이 있던가?

지금도 충분히 부모로서 애쓰며 살고 있는데 또 뭘 해야 한다고 한다. 당연히 그 정도는 해야지 하면서 역할을 요구한다. 요구되어지는 것이 생길 때마다 우리는 조금이라도 연습한다. 처음 엄마였을 때 보다 분명 나아졌다. 그런데도 더 좋은 엄마를 요구하고 있다. 시행착오를 거치며 엄마 역할을 배우고 있는 중이다. 그 와중에 아이가 하루만에 당장 좋은 엄마가 되어야지 엄만 왜 이렇게 느리냐고 따져 묻는다면 과연 어떻게 대답해야 할까?

변화에는 시간이 필요하다. 익숙해지기까지는 더 많은 시간과 노력이 든다. 나는 아이에게 그렇게 할 수 있도록, 시간과 기회를 주었는가? 그 나이에 맞게 기회를 주고, 경험할 수 있는 충분한 시간을 주었나. 기다리는 것이 답답해서 재촉하고 내가 하진 않았던가?

기회가 적은 아이에겐 할 수 있는 시간도 줄어든다. 무언가를 못 한다면, 경험이 없거나, 덜 해봤을 가능성이 크다. 어떤 경우여서 안 되는 걸까 한 번 생각해 볼 필요가 있겠다.

당연함에서 벗어나야 비로소 보이는 것들

당연함에서 벗어나면 아이가 스스로 성장을 위해 하는 노력들이 비로소 보이기 시작한다. 생각보다 잘 자라고 있는 내 아이를 다시금 만날 수 있게 되는 것이다. 아이를 향한 칭찬도 그제서야 진정성을 가진다.

아이와 나에게, 당연하다 여기는 강요가 아닌 애쓰면서 사는 마음, 노력하는 마음을 위로하고 격려해 주자. 수고했다고, 충분히 잘 하고 있다고.

당연한 것은 없다. 그 안에 그 당연함이라고 받아들이기까지 애씀과 수고로움이 있었음을 기억하자. 그러면 아이도, 부모인 나도 비난받지 않고 서로에게 잘 커 줘서 감사하다며 인사를 나눌 수 있지 않을까? 귀함을 받을 수 있는 관계가 되지 않을까?

오래된
미래

설
원

유아교육 전문가로서 유아들이 자존감 높은 창의융합
인재로 성장하도록 돕고있다. 신체적, 정신적, 지적, 영적
균형을 위한 긍정적 마인드셋을 구축하고 유지, 코칭하며 자존
감 높은 삶의 가치를 서비스하는 라이프밸런스 전문가이다.
seolone1@hanmail.net

알프스의 아름다운 풍광이 그림처럼 펼쳐지는 곳. 프
레스코화로 장식된 건물들은 마치 애니메이션 영화 속
요정들의 나라 같은 이곳은 오스트리아와 인접한 독일
의 한적한 마을 오버아머가우(Oberammergau)이다. 그곳
에 사는 사람들과 잘 어우러져 전해져 내려오는 이야
기는 역사와 문화가 되어 독특한 분위기를 자아낸다.

오버아머가우에서 배우다.

마을을 산책하다 보니 야외극장 근처에서 아름다운

음악소리가 들린다. 소리에 이끌려 다가가니 야외극장에서 50년 만에 한 번씩 열리는 "소방축제" 기념주일 미사가 진행되고 있다. 제단 왼쪽에는 오케스트라가 오른쪽에는 관악단이 자리했고, 단상에는 아침 퍼레이드 때 들고 행진하던 각각의 마을 깃발 수십 개가 세워져 있다. 장엄한 풍경이다. 아름다운 천상의 음악이 연주되는 가운데 감동적인 미사가 집전되고 있었다. 마치 음악회에 온 듯 착각이 일만큼 여느 연주회에 비교할 수 없는 수준 높은 연주가 이어진다.

마침 성체를 모시는 시간이 되어 함께 했더니 옆에 있던 청년이 내게 말을 건넨다. 한국에서 왔다고 하니 사진까지 찍어주며 호의를 보였다. 아주 아름다운 마을이라 다시 오고 싶다고 하니 반색을 하는 표정이 귀엽기까지 하다. 자기는 이 마을에서 태어나 사는 것이 매우 자랑스럽다며 꼭 다시 놀러 오라고 한다. 상기된 표정의 밝은 미소가 싱그러운 청년이다. 야외극장을 나와 다시 마을을 돌아보니 그 풋풋함의 이유를 알았다.

"지금도 기억이 생생해. 내가 7살이었을 때 우리 할아버지가 여기서 예수 제자 역할을 했는데, 지금은 우리 손자가 이 역할을 하고 나는 또 다른 역할을 하고 있어. 'Passion play(예수수난극)'는 우리 마을의 영광이요 자랑이지. 온 가족의 우애를 확인하고 마을 사람들을 뭉치게 하는 큰 역할을 하고 있어. 세월은 흘러도 세대를 통합하는 중추 역할을 하는 셈이지. 내가 이 마을에서 태어나 죽을 때까지 이 공연과 함께 살고 같이 늙어 간다는 게 참으로 자랑스러워."

이 마을에서 평생을 보낸 어느 할아버지의 이야기 속에서 미사 중에 만난 청년이 왜 이 마을에서 태어나고 자란 것이 자랑스럽다고 했는지 비로소 이해가 되었다.

'예수수난극(Passion play)'은 인구 5천밖에 되지 않는 이 작은 마을을 전 세계적으로 유명하게 만들었다. 온 마을 사람들이 총동원되어 매 10년마다 치르는 공연이다. 그 역사가 무려 390여 년이나 되는 이 야외극은 예수의 재판과 고통 그리고 죽음에 이르는 과정을 묘사한 극으로 사순절 기간에 행해진다.

예수 수난극은 1634년에 처음 열렸다. 17세기 초 신교와 구교의 분쟁이 한창일 때 흑사병으로 인해 유럽의 인구 3분의 일이 사망했다. 전염병은 유럽 전역으로 퍼져가며 사람들을 공포로 몰아넣었다. 이 마을도 예외는 아니었다. 흑사병으로부터 마을을 지켜 주신다면 10년마다 사람들이 모두 참여하는 예수수난극을 열어 예수의 고난을 새기겠다고 하나님께 청원을 했다. 이 같은 맹세를 하자 마치 기적처럼 확산이 멎었고, 흑사병에 걸렸던 환자들도 모두 완치되었다.

마을 사람들은 하나님과의 약속을 지키기 위해 그 이듬해인 1634년 '성령강림절'을 기해 역사적인 첫 공연을 올려 드렸다. 그날 이후 매 10년마다 제 2차 세계대전 기간이던 1940년을 제외하고는 빠짐없이 공연을 이어오고 있다. 5월 중순에서 10월 초까지 매일 오후 2시 반이면 공연을 시작해 중간에 3시간의 휴식시간을 빼고는 5시간에 걸친 공연이 이어진다. 공연에는 2000명이 넘는 배우, 가수, 악기연주가, 기술지원 등에 마을 사람들이 직접 참여하고 있다. 42번째 공연은 2020년 개최될 예정이었으나, 코로나 19로 인하여 2년 뒤인 2022년으로 연기된 상태이다.

오버아머가우 지역에서 발행되는 남부 독일 신문에 따르면 독일 바이에른 주는 코로나 19로 인한 확진자 수가 43만3천 명, 사망자 1만2천3백 명(2121년 2월 26일 통계)으로 독일에서 확진자가 가장 많이 발생한 지역으로 꼽힌다. 그런데 아직까지 이 마을에서는 코로나 확진자가 발생하지 않았다. 이것은 어쩌면 400여 년 전 이 마을 조상들이 하나님께 드린 서약을 그 후손들이 잘 지켜오고 있기 때문이 아닐까? 이 마을의 기적은 오늘도 계속되고 있다.

이 기적보다 더욱 경이로운 것은 400여 년 동안이나 온 마을 사람들이 그 약속을 잘 지켜내고 있다는 사실이다. 어떤 약속이든 그것을 지킨다는 것은 쉽지 않은 일이다. 그것도 '온 세상에 알리겠습니다'라고 했던 그 당시의 약속을 대를 이어 온 마을 사람들이 함께 더욱 구체적으로 지켜나가고 있는 것은 경이롭다. 이 작은 마을에 예수의 수난극을 보기 위해 온 세계에서 50만 명이 찾아오는 독일의 성지로 알려지게 된 것은 정말 놀라운 일이다.

최근 정부는 '마을 만들기' 프로젝트에 많은 공을 들이고 있다. 그런데 하나같이 과거의 역사를 찾아 마을의 정체성을 세우려고만 한다. 마을의 가치를 높이고 공동체 구성원의 자긍심을 높이려는 목적이다.

독일의 작은 마을 오버아머가우는 흑사병을 이겨낸 조상의 역사를 받아들여 이를 축제로 만들었다. 이는 한 마을의 정체성이 어떻게 만들어지는지를 생각해보게 한다. 정체성을 회복하면서 삶의 질을 높여가고, 환경을 좋게 하며. 추상적이고 막연한 정체성에 기대는 것이 아니라 자세히 보고 관찰하고 사랑하고 함께 만들어 간다.

10년을 기다려야만 볼 수 있는 공연. 상상하지도 못할 엄청난 일을 소리 없이 준비하는 마을. 이런 마을이라면 나는 얼마든지 오랫동안 머물 수 있고 또 다른 십 년도 기쁘고 설레는 마음으로 기다릴 수 있을 것 같다. 어쩌면 십 년을 조용히 살아도 활기찬 5개월을 위해 이 마을이 존재하는 이유인지도 모르겠다. 그래서일까? 알프스의 이 작은 마을에 고개가 숙여지는 것은 보이는 즐거움보다 보이지 않는 감동에 앞으로의 십 년이 더 기대되기 때문이다.

알프스의 작은 시골 마을에서 나는 공동체의 약속된 사랑과 소리 없는 인내심을 배운다. 시간의 흔적 속에 전통을 잇대어가는 그 여유와 기다림의 미학을 배운다. 그들의 오래된 미래를 꿈꾸듯 바라본다.

행복을
담보로 사는
시대

윤
은
정

바쁜 일상 속 본연의 아름다움을 잃고 삶에 지친 사람들에게 행
복한 삶의 생기를 더하는 힐링M대표. 사람들에게 건강과 풍요,
나눔을 사명으로 선물하는 라이프케어리스트입니다.
j311901@naver.com

놀이터에서 해맑게 웃으며 왁자지껄하던 아이들의
웃음소리가 사라진 지 오래다. 자의 혹은 타의에 의해
오늘의 행복을 담보로 기계처럼 공부에 몰두하는 아이
들이 점차 많아지고 있다. 이렇게 자란 아이들이 성인
이 되면 과연 행복할 수 있을까? 과연 투자한 오늘의
행복만큼 미래의 행복이 보장되어 있다고 단언할 수
있을까?

그때가 되면 또 다른 형태로, 오늘의 행복을 지불하
며 미래의 행복만을 추구할 가능성이 크다. 실제 사회
의 주축으로 자리 잡은 기성세대 또한 무섭도록 빠르

게 변해가고 있는 현실 속에서 도태되지 않기 위해 오늘의 행복을 담보로 지불한 채 살아가고 있다.

'10년이면 강산이 변한다'라는 속담처럼 이 세상은 끊임없이 변해왔다. 기술이 발전하면서 인간의 편의성은 극대화되었고, 그 기술이 나의 행복을 위해 당연히 존재해야 하는 무수히 많은 한 가지 조건으로 자리 잡았다.

여기까지만 보면 해피엔딩으로 이야기가 마무리되는 것처럼 느껴진다. 그러나 정말 우리가 바라는 것처럼 행복하기만 할까? 아이러니하게도 IT, 인공지능, 가상현실 등의 기술들이 발전되면 될수록 인간은 불안, 초조, 경쟁에 시달릴 수밖에 없다.

실제로 스티븐 호킹 박사는 AI 개발이 인류 문명 역사상 최악의 사건이 될 수 있다고 경고했다. 일자리가 AI로 대체되기 시작하면 인간의 생존권 자체가 파괴될 수 있는 까닭이다. 스티븐 호킹 박사의 걱정은 오늘날 현실이 되어버렸다.

24시간 일만 하는 무서운 신입사원의 등장

골드만삭스, 뉴욕 본사에 입사한 신입사원 켄쇼는 먹지도, 마시지도, 자지도, 쉬지도 않고 천재 수준의 집중력을 발휘하며 일을 한다. 뛰어난 업무능력으로 월스트리트에서 가장 많은 연봉을 받는 트레이더 600명이 한 달 동안 처리해야 하는 일을 단, 3시간 20분 만에 처리한다.

그 결과 598명이 해고되었고, 남은 두 명은 인공지능을 보조하는 업무를 해야 했다. 이러한 상황 속에서 우리에게 던져지는 '우리의 삶은 안전하다고 말할 수 있는가? 얼마큼 일자리의 안정성을 보장받을 수 있는가?' 하는 질문들이 불안감을 조성해 끊임없이 인간을 내달리게 한다.

현재의 위기 속 우리는 변화에 따라붙고자 하는 노력의 일환으로 N잡러, 독서 모임 등의 새로운 트렌드를 경험하고 있지만, 4차 산업혁명으로 인해 드러나는 현상에만 집중하며 이를 타파하고자 하는 목적으로 시행하는 다다익선 식의 경험은 오히려 사람들에게 혼란과 혼돈을 유발할 뿐이다. 수박 겉핥기식으로 끝나지 않기 위해서는 이런 현상이 일어나는 본질적인 측면을 볼 수 있는 안목이 필요하다.

즉, 산업이 발전함에 따른 인간의 노동 능력 가치가 하락하고, 일자리 감소의 치열함 속에서도 인간은 결국 인간만이 할 수 있는 고유영역들의 산업군을 형성하면서 인간 중심의 사회를 다시 만들어가야 하는 것이다. 그렇다면 인간 존엄성의 가치가 극대화되고 있는 상황 속에서 보장되지 않은 미래의 행복을 위해, 오늘을 담보로 살아가는 우리들은 삶에 어떻게 행복을 생기 넘치게 채울 수 있을까?

불안한 내일, 내가 갖춰야 할 경쟁력

행복에 대한 정의는 사람마다 다르다. 같은 사람일지라도 행복의 조건과 기준은 상황에 따라 언제든지 변할 수 있다. 때문에 행복을 채우는 방법을 하나의 틀로 규정하기란 어렵다.

그렇다면 행복지수를 높이는 것은 불가능할까? 가장 쉬운 방법이지만 아이러니하게도 동시에 가장 어려운 방법을 제시하려 한다. 바로 나를 브랜드화하는 것이다. '나'의 브랜드 아이덴티티 구축을 위해서는 외적인 가치와 내적인 가치를 동시에 완성해야 한다. '나' 그 자체가 상품이 된 현실 속에서 '나'를 마케팅하며 살아가고 있기 때문이다.

내적인 가치는 전문가로서 지식과 같은 최소한의 소양을 갖추는 것으로 기본 중의 기본이라 할 수 있다. 만약 이 부분이 갖춰지지 않았다면, 이는 무기 없이 전쟁터에 나가는 상황과 같다.

그렇다면 외적인 가치는 어떨까? 예를 들어 아무리 멋진 강의를 하더라도 몸빼바지를 입고 강의를 한다면 청중이 느끼는 강의의 퀄리티는 낮을 수밖에 없다. 전문가로서 신뢰감이 하락하게 된다. 이 때문에 피부 관리, 스타일 변화, 메이크업 등을 통해 1인 기업가로서의 외적인 커리어를 만들어 가야 한다. 외모가 경쟁력을 좌우하는 주요 요소로 자리잡은 이유이다.

그 경쟁력을 갖추기 위해 필요한 시간은 단 10분이면 충분하다. 특히, 오늘날에는 AI 기술의 발전으로 인해, 에스테틱을 특별히 방문하지 않아도 홈케어를 가능하게 하는 다양한 피부기기 존재한다. 일명 물광 피부 소위 말하는 연예인 피부를 10분의 투자로 만들 수 있는 것이다.

지나친 외모지상주의적인 발언이라고 비난할지도 모른다. 그러나 데이터가 이를 증명한다. 실제로 외모와 삶 만족도의 상관관계에 대해 조사한 결과에 따르면, 외모에 만족하는 사람은 자존감과 삶에 대한 만족도가 높지만 그렇지 않은 사람은 신경성 수치가 높다는 프레더릭 교수의 연구 결과가 2016년 <바디 이미지> 저널에 게재된 바 있다.

특히 요즘과 코로나 펜데믹으로 마스크에 내가 갇혀버린 상황에서는 더욱이 나를 가꾸고자 하는 노력이 필요하다. 마스크에 숨겨둔 여드름, 민낯이 또 다른 스트레스와 우울감을 유발하는 원인이기 때문이다. 그런데 정책적인 규제, 감염병에 대한 불안감으로 예전처럼 마음 놓고 에스테틱 샵에 방문해, 케어를 받을 수 없는 상황이다. 뷰티 시장은 이런 상황이 발생할 것을 마치 알고 있었다는 듯 빠르게 변해왔다. 그리고 그 결과 홈에스테틱 트렌드가 확신하고 있다.

펜데믹이라는 시대적인 상황과 맞물려 홈 뷰티 산업이 성장하고 있으며, MZ 시대의 소비 트렌드에 발맞춰 호황을 이루고 있다. 그렇기 때문에 전문가에게 나를 맡기는 것이 아니라 나 스스로가 나의 피부를 알아야 하고, 본인에게 맞는 제품을 선택할 수 있는 안목이 필요하다. 나를 가꾸는 일은 나의 에너지를 증폭시키고, 나다운 나를 만나기 위해 필요한 첫걸음이다.

행복해지고 싶은가? 내일이 아닌 오늘 행복해라. 그리고 내 안에 생기를 담을 수 있도록 나를 가꿔라.

가치상점

이
진
훈

T 카혼이란 (타악기)를 개발하여 문화와 음악으로 꿈과 가치를 발견하게 돕고 그들이 잘 성장할 수 있도록 빛과 물을 주는 일을 하고 있습니다 어떤 환경이든 주어진 일에 감사로 행복했으면 좋겠습니다. 현)시나피뮤직 T카혼 대표.
tcajon2015@gmail.com

다이아몬드 원석은 생각보다 그리 빛나거나 아름답지 않다. 모르는 사람이 보면 그냥 돌덩어리다. 사람을 보석에 비유하자면 바로 이 다이아몬드와 같다. 원석 그 자체로도 실은 충분히 가치가 있지만 자신을 깎고 또 깎아 연마해야 비로소 빛이 나기 때문이다. 내가 하는 일이 바로 보석 세공에 가깝지 않나 싶다.

다이아몬드의 가치는 캐럿, 빛깔, 클래리티, 커팅, 이 네 가지 기준으로 매겨진다. 사람의 가치는 마음을 원석을 보고 살아온 환경과 생각과 만나는 사람의 관계를 기준 삼을 수 있을 것이다.

제일 중요한 가공은 나와의 싸움이다. 사랑, 희락, 화평, 인내, 자비, 양성, 충성, 온유, 절제 등 깎고 다듬으며 시간이 지나면 점차 더 귀한 보석으로 세공된다.

그렇게 만들어진 보석은 시간이 지날수록 가격이 때에 따라 높은 가격으로 형성이 되고, 구매자도 늘어나 그 가치를 인정받는다. 나는 깎을 만한 원석인지 아닌지를 확인하고 그 원석을 가치로 바꾸는 일을 한다.

청소년 K-TOP 경연대회

청소년 K-TOP 경연대회는 소외된 청소년들이 겪는 악순환을 막기 위한 취지로 만들어졌다. 이 사회의 어두운 골목에는 아직도 많은 청소년들이 폭력과 자살 그리고 방황이라는 문제에 고통받고 있다. 가정을 회복시키고 청소년들의 관계 회복을 통한 학교 폭력과 자살을 예방하며, 친구와 부모님, 그리고 선생님과의 관계도 돈독히 하면서 어둠과의 연결 고리를 끊고 싶었다. 아울러 지역에서도 함께 관심을 가지며 하나의 문화로, 또 즐거운 축제로 만드는 것이 목적이었다.

필자가 이제 막 청소년기를 맞이하던 무렵 아버지는 암 수술로 오래 병원 신세를 졌다. 어머니는 혼자 식당 일을 하며 가정경제를 책임져야 했다. 중학교 입학 때는 가방이 없어 쓰레기장에서 주워다 쓰기도 했다. 낡고 해진 가방을 시린 손으로 빨아서 널었는데 겨울철 찬바람에 물기가 마르지 않아 동태같이 언 가방을 들고 예비 소집을 하러 갔던 기억이 아직도 생생하다. 누군가에게 손 내밀고 싶은 마음이 간절했고 누가 좀 도와줬으면 하고 늘 기도 했다.

나의 유년 시절과 같은 환경에 처한 청소년이 분명 많을 거란 생각이 들었다. '누가 저 좀 도와주세요!'라는 기도를 지금도 어디선가, 누군가는 하고 있을 거란 마음이 들자 우리 다음 세대를 책임질 청소년을 섬기는 것이 내 사명이 되었다.

그때부터 가정과 학교는 물론 교회를 살피며 힘들어하는 청소년들을 찾기 시작했다. 문화로써 청소년들을 모으고, 그 안에서 어려운 환경에 처한 청소년을 찾아 섬기면 좋겠다는 생각이 들었다. 그렇게 밴드 대회를 만들겠다는 결심이 섰고, 여러 전문가들과 뜻을 모으기 시작했다.

마침내 2015년 패스커뮤니티와 서울 노원경찰서와의 협력을 통해 청소년들에게 희망과 쉼을 제공할 수 있는 제1회 청소년 K-TOP밴드 경연대회가 개최되었다. 첫 회에 650여 명의 청소년이, 이듬해에는 700명의 청소년과 80명의 학부모님과 선생님이 함께 했다. 서울 노원구에서 시작된 대회가 고작 2회 만에 양주, 수원, 인천, 대구, 대전 등 전국에 이름을 알렸다.

청소년들은 건전한 문화만 바탕에 있다면 자연스럽게 기성세대와 소통한다. 아이들끼리도 서로를 더 잘 이해하는 것은 물론이다. 특히 음악은 연주를 통해 서로 호흡을 맞추고, 또 부족한 부분은 채워주며 원만한 교우 관계를 형성할 수 있도록 한다. 동시에 학교 폭력을 줄이는 효과를 가져올 수 있다.

두 번째 문화 기획인 <청소년 K-TOP댄스 경연대회>는 밴드 대회보다 규모가 더 커졌다. 벌써 첫 회에 1,000명의 청소년이 모였고, 2017년 3회 때는 전국적으로 1,200명의 청소년과 친구, 부모님, 선생님이 모여 함께 응원하며 기쁨으로 마무리했다.

매년 청소년 K-TOP 대회가 끝나면 참가자들을 따로 불러 함께 이야기 나누는 시간을 보냈다. 청소년들은 아름다운 추억 만들어 주셔서 감사하다고 다음에도 이런 대회 계속 만들어달라며 응원과 감사를 표했다. 대회를 통하여 진로를 정하고 좋은 대학에 입학했다는 기쁜 소식도 들려왔다. 대회가 청소년들에게 새로운 가치를 만들 수 있는 디딤돌이 된 것이다.

이후 <K청소년 사랑의 봉사단>이라는 이름으로 취지를 이어가고 있다. <먹/고/가>라는 슬로건으로 '먹'이고, '고'치고, '가'르치며 30일 동안 함께 하는 자리다. 지혜를 배우며, 생각을 나누고, 섬기고, 위로하고, 봉사를 통해 훈련받은 학생이 현재 50여명. 그들은 다시 또 다른 친구들을 찾아 '함께'의 가치를 전하고 있다. 숨겨져 있던 가치를 발견해 자기 삶에 진정한 리더가 될 수 있도록 가공하는 세공사가 되는 것이다.

세상에는 나눌수록 커지는 것이 있다. 더 많은 청소년들이 함께 나눌 수 있는 기회의 장이 자주 생겼으면 하는 바람이다.

행복을 부르는 관점의 변화

이
현
아

심리학을 전공하고 교육현장에서 강사로 활동하고 있습니다.
청소년들의 꿈을 응원하고 지식보다는 지혜를 나누고 머리가
아닌 마음으로 공감하는 따뜻한 인생멘토가 되고 싶습니다.
ioome57@naver.com

　　사람들은 저마다의 관점을 가지고 세상을 본다. 세상에는 자신만이 옳고, 다른 관점을 틀렸다 여기는 이들이 많다. 문제는 다름을 대하는 태도다. 손가락질하거나 심지어는 인신공격마저 서슴지 않는다. 이런 태도는 사람들 간의 갈등을 조장하고 사회적 문제로까지 이어지곤 한다. 대안은 단순하다. 관점의 다양성, 즉, '틀림'이 아닌 '다름'을 인정하는 태도를 가지는 것. 하지만 세상사란 원래 단순할수록 더 어려운 법이다.

　　인지주의적 관점에서 볼 때 인간이란 본래 적극적으로 사고하고 이성적인 존재로서 자기주도적으로 환경

과 세상을 인지한다. 개인마다 경험이 다르기에 같은 대상이나 상황을 바라보더라도 인지하고 기억하는 것이 다를 수밖에 없는 것이다. 현재의 삶이 불행하다고 느끼거나 만족감을 경험하지 못하는 사람들은 대부분 미래에도 지금처럼 불행한 삶이 연속될 것이라는 부정적인 세계관을 갖고 있고 그들의 예측대로 실제 미래도 어두울 가능성이 높다.

하지만 주어진 환경을 탓하며 불행의 원인을 거기에서 찾는 대신 오롯이 자신에게 도움이 되는 방향으로 사고한다면 지금보다 삶은 분명 더 나은 방향을 향하게 될 것이다. 인생을 살면서 겪게 되는 다양한 경험 중 어떤 사람들은 실패를 실패 그 자체로 보는 사람이 있고, 어떤 이들은 실패를 성공의 기회로 보는 이들이 있다. 성공과 실패의 차이는 종이 한 장 차이, 즉 지극히 사소해 보이는 관점 하나의 차이에서 온다고 해도 과언이 아니다.

신념이 부르는 결과

잘못된 신념은 잘못된 행동을 가져온다. '난 아무것도 할 수 없어' 또는 '나는 쓸모가 없는 사람이야'라고 생각하는 대부분의 사람들은 어떤 시도나 도전을 하지 않는다. 그로 인해 작은 성과조차 제대로 얻지 못하는 경우가 많다. 이때 관점을 바꿔 '난 할 수 있어' 또는 '나는 어딘가에 쓸모가 있을 거야'라고 생각한다면 무엇이라도 도전해보고 싶은 생각이 들지 않을까?

하지만 관점을 바꾸기란 말처럼 쉽지만은 않다. 우리는 성장 과정에서 나와 세상을 이해하는 틀을 형성한다. 이때 생존과 관련이 있는 틀은 더욱더 단단해지고 고유한 관점이 된다. 이렇게 수년간 사용해 너무나 익숙해져버린 관점은 변화를 만났을 때 일단 거부감부터 생기기 마련이다. 40년 동안 고정적인 사고방식을 갖고 살아온 사람이 새로운 사고방식을 갖기 위해서는 지난 40년만큼의 시간과 에너지가 소요될 수밖에 없다. 변화에는 그만큼 많은 노력이 필요하다는 뜻이다.

그럼에도 불구하고 관점의 변화를 원한다면 가장 먼저 해야 할 일이 무엇일까? 변화를 통해 자신이 얻을 수 있는 것이 무엇인지를 명확하게 알아야 동기부여가 된다. 뿐만 아니라 자기 관점의 정체부터 파악해야 한다. 또한 내가 추구하는 가치를 어떻게 바라보고 있는지 파악해야 한다.

세상의 수많은 사람들은 성공하고 싶고, 이름을 날리고 싶은 욕구가 있다. 하지만 수년째 제자리걸음을 하는 자기 모습을 보면서 앞선 나가는 이들을 질투하기도 하고, 그 질투가 나를 향하면 자기비하로 이어지기도 한다.

그들은 성공했고, 나는 뒤처지고 있다는 그 관점에서 먼저 벗어나야 한다. 성공한 이들이 곁에 있으니 언제든지 그들의 지원을 받을 수 있겠구나 하고 여기면 질투는 한순간에 든든함으로 바뀐다. 어떤 이들은 이 세상을 수많은 사람들의 공격 속에서 살아남아야 하는 전쟁터로 본다. 반대로 어떤 이들은 자신이 가진 내면의 욕구를 자유롭게 표현하는 여행지로 보기도 한다. 이들의 내면 풍경은 판이하게 다를 것이다.

당신은 이 세상을 어떠한 관점으로 바라보고 있는가. 당신이 진정으로 추구하는 삶은 어떤 모습인가? 진정으로 나 자신과 세상을 사랑하는 행복한 삶을 꿈꾼다면 우리는 이 세상을 어떠한 관점으로 바라봐야 할까? 당신은 과연 어떤 인생을 선택하려 하는가?

기후위기의
가해자에서
해결사로

장
윤
정

교육을 통해 뿌리깊은 나무를 키워내겠습니다. 울창하고 큰 숲
이 이뤄지기 위해서는 한그루의 건강한 나무부터 시작합니다.
단 한명의 교육생도 소홀히 하지 않고 교육을 통해 변화하고 성
공적인 삶을 살 수 있도록 돕겠습니다.
biy77@hanmail.net

18세기 영국에서 시작된 산업혁명은 농업과 수공업
위주의 경제활동을 제조업 중심으로 바꿔놓았다. 인간
의 편리를 목적으로 한 온갖 공산품들이 대량으로 쏟
아지기 시작한 시기다.

그러나 한편으로 생산 동력인 화석연료는 이산화탄
소를 배출하고, 오존층을 파괴하여 기후변화를 가져오
기도 했다. 산업혁명의 어두운 이면이다. 인간이 편리
해질수록 자연은 파괴된다. 세계적으로 유래없는 폭염
과 태풍, 홍수와 가뭄 등의 기상 이변은 단순한 '기후변
화'가 아닌 '기후위기'라고 보는 편이 옳다.

지구가 보내는 SOS

　현재 기후변화로 어려움을 겪는 사람들은 전 세계 인구의 약 85%(68억 명)에 달한다. 2020년 새해 인도의 자카르타에서 일어난 폭우로 이재민만 10만여 명이 넘고, 66명의 사망자가 발생했다. 2019년 9월에 호주에서 일어난 산불은 2020년 2월까지 국토 전역으로 퍼지며 1800만 헥타르의 면적을 불태웠다. 이 산불로 무려 10억 마리가 넘는 동물들이 희생되었다. 2014년에 이미 멸종위기종으로 분류된 코알라는 이번 산불로 멸종 속도가 더욱 빨라졌다.

　기후변화는 이상기온과 자연재해로 이어지면서 인간의 삶에도 많은 영향을 미치고 있다. 지구는 이상 현상을 통해 우리에게 신호를 보내고 있다. 미국의 허리케인 로라, 중국의 대홍수, 인도의 메뚜기 떼, 한국의 50일 이상 지속된 장마 등을 통해서. 지구가 보내는 이 SOS 신호는 어쩌면 인간을 위한 구조 신호이기도 하다. 우리는 지구의 도움을 외면해서는 안 된다.

어쩌면 내일이 오지 않을 수도...

　온난화로 인한 이상기후 현상이 더욱 증가 되고 있다. 시시때때로 느껴지는 이러한 현상들은 삶에 위기감을 느끼게 한다. 기후변화의 시기를 되돌아보면 200년 정도에 불과하다.

자동차, 선박, 철도, 비행기 등의 새로운 운송수단은 인간 삶에 편리를 제공했으나 한편으로 이산화탄소 배출량을 증가시켰고 기후변화의 주범이 되었다. 그러나 미국항공우주국(NASA) 국제 공동연구진은 메탄과 블랙 카본의 영향이 이산화탄소보다 더 중요함을 '사이언스' 최신호를 통해 발표했다.

메탄은 가축의 방귀나 분뇨, 쓰레기 매립지의 가스를 통해 공기를 오염시킨다. 블랙 카본은 석유나 석탄, 나무를 태울 때 불완전 연소 되면서 나오는 그을음이 대기 중의 열을 흡수해 햇빛을 반사하지 못하도록 하며 지구온난화를 앞당긴다. 인간의 생활 속에서 지구를 위협하는 일들이 지금도 태연하게 일어나고 있다. 무의식적으로 해왔던 행동들로 인해 나는 지구위기를 앞당기는 가해자로 살아온 것이다.

이제는 지구가 보내는 신호에 귀 기울이고 지구와 인간이 공존할 수 있는 방법을 찾아야 한다. 그리고 지금 행동으로 옮겨야 한다. 우리에게는 시간이 없다. 지금 행동하지 않는다면 우리에겐 더이상 내일이 오지 않을 수도 있다.

미래를 바꿔 갈 행동에 앞장서는 기후 시민

올바른 민주시민의 역량 함양을 위한 민주시민 교육을 전라남도 소재의 어느 중학교에서 진행하고 있다. 중학생과 함께하는 민주시민 교육이 더욱 특별한 이유는 민주시민 가치 중 '공존'에 대한 주제로 환경을 다루고 있기 때문이다.

'지구온난화 1.5℃ 특별보고서'를 바탕으로 기후위기, 기후난민, 환경 위기 시계, 탄소발자국, 공정무역, 동물 실험 등 다양한 주제로 이야기를 나눈다. 수업을 통해 학생들은 환경보호의 중요성과 기후위기의 심각성 등 환경 문제를 깊이 인식한다. 그리고 실생활에서 스스로 실천할 수 있는 것들을 고민하고 지구를 지키기 위한 실천 약속을 정한다.

학생들은 기후위기의 가해자이면서 동시에 피해자이기도 하다. 자신의 생활습관으로 인해 지구가 아파하고 있다는 사실을 깨닫고 지구를 지키기 위한 올바른 방향을 고민해야 할 시점이다.

진정한 행동의 변화는 정체성의 변화에서 시작된다. 자신이 어떤 사람인지, 지구를 위해서 어떤 행동을 해야 하는지 믿는 대로 행동하게 될 것이다. 민주시민 교육을 통해 학생들은 미래를 바꿔 갈 기후 시민으로서 정체성을 갖고 기후위기 해결사로 앞장섰으면 하는 바람이다.

의자
사용법

장
진
수

기존과 다른 새로운, 편안한 자리에서 근무할수 있는 사무환경
을 만들기 위해 제품을 개발하고 있습니다. 모든 사람들이 사무
환경을 친근하게 느끼고 좋아할 수 있도록 끊임 없이 달려가고
있습니다.
fur010433@naver.com

　　가구 전시매장에 가서 제품을 구매하신 경험이 있는가?

　　사람들은 책상과 의자, 서랍장과 침대 등 많은 가구들과 일상을 함께 한다. 가정에서 주로 쓰이는 침대, 옷장은 본인이 원하는 디자인, 기능을 고려하지만 정작 사무용 가구는 그렇지 않다. 직접 구매하는 경우가 드물기 때문이다. 사무용 가구는 사무실에 처음부터 있던 붙박이쯤으로 여긴다.

　　학창 시절부터 그래왔다. 학교에 가면 구비되어 있는 책상과 의자를 사용했다. 직장에 들어가도 마찬가

271

지, 회사에서 미리 준비한 책상과 의자를 쓴다. 집에서
도 한 번 구매한 의자나 책상은 오래 쓰다 보니 늘 있었
던 듯한 느낌을 준다. 늘 그 자리에 있고, 대게 개인 소
유도 아니기 때문에 굳이 내 돈을 지불하고 바꾸려 하
지도 않는다. 사무용 가구는 그런 존재다.

만약 당신이 의자에 오래 앉아서 근무하는 사무직이
거나 물품 구매 담당자라면 제발 의자만큼은 신경 쓰
시라 조언하고 싶다. 업무 효율과 직결될 뿐만 아니라
한번 구매하면 오랫동안 사용하게 되는 물건이기 때문
에 처음 구매할 때 신경을 써야 한다.

내게 꼭 맞는 의자를 찾는 방법

의자를 구매하는 이유는 크게 두 가지다. 대부분 기
존의 쓰던 의자가 망가져서다. 하지만 쓰던 의자가 체
형에 맞지 않거나, 용도에 맞지 않아 매장에 직접 찾아
오시는 분들도 꽤 많다.

이 들 중 80~90%는 저렴한 중국산 의자를 사용하셨
던 분들이다. 겉으로는 구분이 힘들 정도로 형태나 기
능이 거의 비슷하다. 중국산 제품은 오래 앉으면 불편
한 감도 있지만, 가장 큰 단점은 약한 내구성이다. 몇
개월만 앉아도 바퀴가 부서지거나, 중심이 안 맞거나,
팔걸이가 부러지는 등 형편없는 내구도를 보여준다.

처음엔 저렴한 금액에 혹해서 사지만 금세 망가져 몇 차례 불필요한 소비를 반복하다 결국 제대로 된 브랜드 제품을 찾게 된다. 대부분은 브랜드 제품이거나 혹은 비싸면 좋은 줄 안다. 혹은 의자는 다 똑같다며 저렴한 제품만 찾는 이들도 있다. 하지만 비싸다고 다 명품이 아니고, 저렴하다고 꼭 나쁜 의자라고 볼 수는 없다. 내 체형에 잘 맞는, 무엇보다 용도에 맞아야 '좋은 의자'라고 할 수 있다.

의자를 살 때 가장 중요한 팁은 당연하게도 무조건 앉아보고 구매하라는 것이다. 뻔한 사실이지만 사실이보다 유용한 팁은 없다. 번거롭더라도 여러 브랜드의 의자를 앉아보는 것 또한 좋은 방법이다. 여기에 한 가지 팁을 더 보태자면, 용도를 고려해야 한다. 사무업무를 하는지, 게임을 주로 하는지, 혹은 독서나 휴식이 목적인지에 따라 '좋은 의자', '편한 의자'의 기준이 달라진다.

사무업무나, 게임을 주로 하는 경우라면 중간중간 휴식을 위해 등받이를 뒤로 넘길 수 있는 기능이 있으면 좋다. 반대로 오랫동안 공부를 하거나 글을 쓰는 분들은 흐트러짐 없는 자세를 유지하면서 집중해야 하므로 고정된 형태를 권한다.

이처럼 목적에 따라서, 내가 원하는 기능에 따라서도 어떤 의자를 구매하느냐에 대한 선택의 폭이 달라지기 때문에 꼭 어떤 용도로 사용할 건지에 대해 생각을 해 보고 직접 가서 앉아보고 구매하기를 추천한다.

엉덩이 기억상실증

하루에 8시간 이상을 앉아서 생활하는 현대인들은 엉덩이가 제 기억을 잃기도 한다. 엉덩이 기억상실증은 엉덩이 근육과 허벅지 뒷근육을 잘 사용하지 않아 힘이 약해지고 쇠퇴하는 증상을 일컫는 말로, 대둔근·햄스트링 조절 장애라고도 부른다.

오래 앉아서 생기는 의자병(sitting disease)은 외에도 다양하다. 거북목증후군을 비롯해 요통, 치질, 혈액순환장애, 손목터널증후군 등은 모두 의자에 오래 앉아 있음으로 인해 나타날 수 있는 증상들이다.

하지만 우리는 공부나 업무 등 다양한 목적으로 의자에 오래 앉아있을 수밖에 없다. 다만 내게 맞는 의자에 앉아 바른 자세에 신경 쓰는 것만으로도 이들 증상을 예방하고 완화하는데 큰 도움을 준다.

아무리 좋은 의자, 비싼 의자라도 끝에 걸터앉거나 삐뚤게 앉으면 의자의 성능을 온전히 누릴 수 없다. 바르게 앉더라도 오래 앉으면 의자 질병에서 자유롭지 못하다. 때문에 50분 동안 앉아 있었다면 10분 정도는 일어나 스트레칭으로 몸을 풀어주는 것이 좋다.

귀르가즘?
귀로가좀!

조
재
숙

귀를 통한 전인치유 전문가로써 건강하고 행복하며 아름다운 삶을 살도록 컨설팅하는 사람입니다. 이를 위해 끊임없이 연구하고 교육하는 평생교육사입니다.
eduear.cho@gmail.com

'귀르가즘'이란 단어를 들어본 적이 있는가? '귀르가즘'은 '귀'와 '오르가즘'의 합성어로, '좋은 소리로 인해 귀로 느끼는 희열'이라는 의미다. 영어로는 'eargasm'이라고 해서 마찬가지로 청각적 쾌감을 의미한다. 예를 들어 이런 문장에서 사용된다. "This song gave me an eargasm!"

청각적 쾌감에서 촉각적 쾌감으로. 귀로가좀!

아기가 잠투정이 심할 때 엄마가 따뜻한 손으로 귀

를 부드럽게 만져주면 아기는 어느새 꿈나라로 여행을 가게 된다. 젖을 먹일 때도 엄마가 부드러운 손으로 아기의 귀를 만져주면 편안히 젖을 빨며 만족해하는 모습을 볼 수 있다.

연인들끼리 데이트할 때 한 사람이 잔디밭에 누워 있으면 다른 한 사람이 귀를 부드럽게 만져주기도 한다. 사랑하는 사람끼리 귀를 만져주면 기분이 좋아진다. 이렇게 귀를 만져줌으로 촉각적으로 편안하고 만족스러운 감정을 누려본 경험이 누구나 있을 것이다.

이렇게 부드러운 촉각을 느낄 수 있는 귀는 신체의 기관 중에서도 매우 특별한 곳이다. '귀'를 보면서 우리 몸을 더 잘 이해할 수 있기 때문이다. '부분'이 '전체'를 반영하는, 다시 말해 신체의 작은 부분인 '귀'가 더 넓은 전체인 '우리 몸'을 담고 있기 때문이다. 사람이 살아가는 동안 신체가 건강하지 않으면 삶을 활기차게 영위할 수가 없음을 우리는 잘 알고 있다.

신체를 건강하게 하기 위해선 우리의 몸을 제대로 알고 이해해야 한다. 우리는 지금껏 귀라 하면 소리를 듣고 몸의 균형을 잡아주는 역할을 하는 '속 귀'에만 주목하였었다. 그러나 이제는 새롭게 '바깥 귀'로 우리의 시야를 달리 해보자. 적잖은 사람들이 생소하게 느끼겠지만 귀와 우리의 몸은 상관관계가 깊다.

고대로부터 동양의학에서는 귀에 침을 놓아 건강을 보살피는 이침요법이 발달했었다. 이침요법은 기원전 400여 년경 중국 춘추전국시대에 만들어진 의학 저서인 황제내경(黃帝內經)에서부터 언급되었다. 귀가 단순한 독립기관이 아닌 신체 모든 부위와 밀접한 관련이 있다고 밝혀 2000년 이상의 역사를 가진 의술이다. 명나라 때에 이혈도(耳穴圖 귀의 혈자리 지도)가 완성되면서 대중화가 되었다. 1980년대에는 세계보건기구(WHO)로부터 '이혈 국제표준화 방안(草案)'을 위탁받아 1987년에 그 기본적인 내용이 통과되어 이침의 규격화 및 표준화가 이루어졌다. 본격적인 현대 의술로 발전하기 시작한 것은 1957년 Paul Nogier가 유럽 침술학회지에 '태아 역위 지도'를 발표하였을 때부터다. 이러한 연구는 중국으로 오히려 역수출되어 중국 현대 침구학 재정비의 계기를 제공하기도 했다.

우리나라에서도 허준의 동의보감에서 '손으로 귓바퀴를 몇 번씩 마찰하면 귀가 막히는 것을 방지할 수 있다'고 밝혀 오래전부터 귀에 대한 의술적 중요성이 강조되었다. 동서양을 막론하고 이침에 관한 연구는 활발히 진행되어 현재 국제 모임에서 이침에 관한 표준 학술용어 제정이 인정됐으며 1990년 프랑스 '리용'의

국제학술대회에서 귀의 해부학적 구조와 이혈점에 대한 공통된 표준화가 완성되었다. 또 현재 세계보건기구(WHO)에서 유일하게 한의학 외에 대체의학으로 인정되고 있는 이침은 적응증이 광범위하고 효과가 빠르다는 점에는 동서양 의학의 장점이 결합된 보완 대체의학으로 인정받고 있다. 현대에 와서는 누구나가 사용할 수 있도록 '침(針)'이 아닌 '이혈패치로 귀에 자극을 주는 방법으로 더 많은 사람들에게 알려지게 되었다.

태아를 닮은 귀

귀의 모양은 마치 태아가 엄마 뱃속에서 거꾸로 놓여있는 모습과도 같다. 귀의 생김새와 상태를 보면 그 사람의 질병과 몸 상태를 알 수 있다. 인체에 이상이 생기면 귀 표면의 색깔이 변하게 된다. 모양도 변한다. 귀에 혈관이 나타나기도 하고 만성이 되면 혈관이 두드러지게 툭 튀어나오기도 한다. 귀의 표면이 오목하게 들어가거나 돌기가 출현하기도 한다. 기름 찌꺼기 같은 것이 귀의 표면을 더럽히기도 하고, 비듬과 같은 각종 부스럼이 생성되기도 한다. 귓불은 얼굴과 머리, 두드러지고 기다란 연골은 척추, 귓바퀴 안쪽은 팔과 다리, 그리고 귀 안쪽으로 오목하게 들어간 부분들은 오장육부와 연결되어 있다.

귀를 눈으로 보고 또 손으로 만져보는 것만으로 누구나 어렵지 않게 나와 가족의 건강을 살펴볼 수 있다. 만져보는 방법으로는 볼펜의 뭉툭한 부분이나 젓가락, 지압봉 또는 손가락 등으로 귀의 곳곳을 지그시 꾹꾹 눌러보면 유독 아픔을 느끼는 곳이 있다. 그렇다면 통증을 느끼는 그곳과 상응되는 신체의 부분이 문제가 있다는 것이다. 그것이 신체의 특정 부분이나 장기 또는 근육이 될 수도 있다. 이런 부분들의 몸속 통로가 막혔다는 뜻이다.

흔히 쓰는 '기가 막히다'라는 표현은 사람이 활동하고 살아가는 데 필요한 육체적, 정신적인 힘이 막혔다는 뜻이다. 막힌 기를 뚫어줘야 다시 힘을 얻어 활동할 수 있다.

오늘부터라도 나와 사랑하는 사람들의 귀를 부드럽게 잡아보자. 그리고 귀 마사지를 해보자. 귀를 비비거나, 잡아당기거나, 문지르거나, 늘이거나, 누르거나, 연골 부위를 잡고 당겨 주는 등의 방법으로 귀에 적절한 자극을 주자. 이렇게 꾸준히 귀 마사지를 하게 되면 우리 몸의 신진대사가 활발해지며, 열이 오르고 땀이 나게 된다. 그 과정에서 몸속에 막힌 곳에 있는 찌꺼기를 몸의 밖으로 내보내게 된다. 그래서 통증이 완화되고 소통이 원활해져서 건강상의 만족스러운 효과를 볼 수 있다. 인체와 상응되는 혈(穴)자리를 자극하여 기(氣)와

혈(血)의 원만한 흐름을 유도함으로써 건강을 회복시킬 수 있게 되는 것이다.

무언가 소중한 것을 시간과 바꿀 줄 아는 사람이 자신의 삶에 만족할 수 있는 것 아닐까? 귀를 보고, 귀가 말하는 소리에 귀 기울여, 귀 마사지 등 귀와 만나는 시간을 투자해보라. 때와 장소를 가리지 않고 귀를 마사지해보라. 마치 소중한 애인처럼 귀를 대하라. 항상 만져주고, 꼬집고, 비비고, 늘리는 등 귀를 몹시 귀찮게 하면 된다. 정해진 틀 안에서만이 아니라 밖에서 틀을 바라보는 관점을 가지고 넓게 이해하면서 귀를 바라볼 필요가 있다.

귀는 '듣는 기능을 한다'는 당연함으로 '귀르가즘'을 넘어 "귀로 가 좀!" 하면서 손을 귀로 뻗어보자. '귀로 가서' 마사지를 하며 틀을 깨고 나와 틀 밖에서 귀를 다시 바라보자. 그러면 귀를 통하여 건강을 회복할 수 있고 우리의 삶도 더욱 행복해질 것이다.

부부가
행복해지는
아주 작은
말 습관

지 홍 선 | 중소벤처기업연수원 1등 강사, 기업강사들의 멘토, 기강공 교수강사, 20년 현장강연 경험으로 코로나 위기에서도 리더십, 스피치, 공공서비스, 조직활성화, 기업 맞춤식 교육에 관한 두 권의 책을 펴낸 섭외 1순위 강사.
vcxz0113@hanmail.net

스피치를 배우러 오는 분들 중에는 부부나 연인들의 비중이 적지 않다. 처음엔 혼자 오더라도 2~3강 쯤 지나면 꼭 반려자를 데리고 온다.

말 잘하는 법을 배우러 온 사람들은 한편으로 말로 인한 상처도 많다. 특히 부부나 연인 사이에는 거의 대부분 말로 인해 상처가 생긴다. 서로 다름을 인정하지 않아서가 그 출발점이라 하겠다. 이혼 사유 중에도 실제 '서로 맞지 않아서'라는 말을 흔히 하듯이 말이다.

가족이라는 울타리 안에서 쓰는 부부의 말이 배우자의 다양한 사회적 역할에서의 모습을 반영하지 못한다는 의미이기도 하다. '밖의 일을 집에까지 가지고 오냐'라는 말을 할 수도 있겠지만, 집을 떠나 다시 집으로 돌아올 때까지의 일이 궁금한 것은 당연한 일이다. 반대로 집에서 배우자는 어떤 일로 하루를 지냈을까? 하는 궁금증 또한 그렇다. 특히나 맞벌이 부부는 더욱 그러하겠다.

스피치 프로그램은 말 그대로 스피치 능력을 키우는 것이 목적이다. 부부 관계 개선을 위한 심리 상담 프로그램이 아니란 소리다. 그런데, 과정을 진행하다 보면 놀랍게도 부부 관계가 개선되어 가는 모습을 본다.

가정의 행복은 대화에서 비롯된다. 그것도 아주 소소한 그 비법 세 가지를 소개한다.

첫 번째 "당신, 오늘 어땠어?"

여기서 중요한 것은 '답을 듣기 위한 시간'이다. 부부간의 대화가 필요하다고 할 때 가장 중요한 것은 대화 자체보다 대화를 할 시간을 따로 내어야 함을 의미한다.

두 번째 "당신 생각은 어때?"

'당신 오늘 어땠어?'가 과거의 일을 말하는 것이라면 '당신 생각은 어때?'의 말은 현재의 배우자에게 묻는 말이다. 틀림이 아닌 다름이라고 이야기하지만, 다름을 묻지 않는다면 그것은 틀린 상황인 것이다. 그렇기에 습관적으로 "당신 생각은 어때? 라고 물어야 한다.

우드리(Udry)의 여과이론(filter theory)에 따르면 우리는 배우자를 선택하는 다양한 방식이 존재하며, 각각의 배우자들을 거르는 필터링을 통과한 사람들 중에서 선택한다고 한다. 부부의 인연이란 고르고 골라 나에게 맞는 사람 혹은 내가 맞춰줄 수 있는 사람을 선택한 것이다. 그렇기에 내가 인정해주지 않으면, 그 누구도 인정해주지 않는다는 사실을 기억해야 한다.

세 번째 "여보 너무 멋져, 당신 참 아름다워."

세월이 지나면 늙기 마련이고 그 늙음을 마주하면서 살아가는 것이 부부다. 생애 맞춤형 복지가 있는 것이 아니라, 부부는 생애 맞춤형 눈높이가 있어야 하는 것이고, 그것은 "여보 너무 멋져, 당신 참 아름다워"라는 절대값에 맞춰져 있어야 한다.

"당신 오늘 어땠어?", "당신 생각은 어때?", "당신 오늘 너무 멋져(아름다워)" 이 세 가지 말을 습관처럼 해보자. 아주 작은 습관이 행복한 부부 관계를 만들 것이다. 스피치 전문가인 나도 배우자 앞에서 가장 연습이 덜 된 말이기도 하다.

돌 속에 갇혀 있던
칼럼에 대한 신화

이우환 화백의 <점으로부터>라는 작품이 있다. 말로 설명하기란 그리 어렵지 않다. 캔버스에 여러 개의 점을 찍은 그림이다. 그게 전부다. 어찌 보면 시시한. 이게 뭐야 싶은. 여러 점이 모여 가로, 혹은 원을 그리며 패턴을 보여주는 <점으로부터> 시리즈는 단순하지만 잔상이 오래 간다.

한때 미술 작품에 매료되어 다양한 작품들을 블로그에 열심히 소개하던 시절이 있었다. <맛있는 ART>라는 타이틀로 예술 작품을 보고 연상되는 시, 소설, 음악, 단상 등을 한 데 묶었다. 그저 좋아서 한 일인데 구독자가 폭발적으로 늘기 시작했고, 지금의 반려자도 그중 한 사람이었다. 이 프로젝트가 이뤄낸 가장 큰 성과 아닐까 싶다.

그림을 업으로 삼은 반려자 덕분에 이따금 캔버스 앞에 앉아본다. 물감을 잔뜩 묻힌 실뭉치를 화폭에 던져보거나, 붓 대신 손으로 색을 덕지덕지 발라보기도 한다. 유치원생 수준에도 못 미치는 졸작임에도 반려자는 꽤 후한 칭찬을 해준다. 역시 가재는 게 편이고, 팔은 안으로 굽는다더니. 그 하얀 거짓말에 그만 우쭐해질 때면 다 때려치고 본격적으로 그림이나 그려볼까 싶은 위험한 생각마저 들기도 한다.

하지만 사실 따지고 보면 프로의 시작도 이와 별 다를 바 없지 않나. 지인들의 아낌없는 칭찬과 격려, 그리고 응원을 받으며 다들 서툰 걸음마를 뗐을 테니. 어느 분야든 이름 날리는 프로들도 하나같이 왕초보 시절을 지나오지 않았을까.

운전 연수를 받을 때 '레이싱 선수들도 처음엔 다들 초보운전 스티커 붙이고 다녔다'라는 선생님 말에 용기를 얻었다. 광속으로 질주하는 그들도 한때는 '저도 제가 무서워요'. '직진만 두 시간째' 이런 딱지 붙이고 다녔을 생각하면 웃음이 난다. 잔뜩 긴장했던 어깨가 풀리자 그제야 운전이 편해졌다.

성실함이 만든 결과물

뼛속까지 성과주의자라 취미에서조차 뭔가를 이뤄야 한다는 강박이 있다. 스스로 평가하기에도 참 피곤한 인생이다. 그렇다곤 해도 사실 이렇다 할 성과물 없이 흐지부지되는 일이 훨씬 많다. 소싯적엔 친구에게 열심히 춤을 배워보기도 했고, 고작 요리책 몇 권 읽고 셰프의 길을 슬쩍 엿보기도 했다. 커피를 좋아한다는 단순한 이유만으로 카페 창업을 준비하던 시절도 있었다.

시작이 어렵지 않은 이유는 딱히 재능이나 노력이 요구되지 않기 때문이다. 공연히 어깨에 힘줄 필요도 없다. 그래서 누구나 시작은 호기롭다. 다만 성취를 이룰 때까지 매일 매일 성실하게 노력하기가 어려울 뿐이다. 같은 일도 누군가에겐 직업이, 범인(凡人)들에겐 그저 취미로 남는 이유다.

하지만 취미조차도 꾸준함으로 성과를 낼 수 있다. 성과는 성실한 반복으로 만들어진다. 실제 블로그에 회화나 조각 작품을 문학이나 음악 등 다른 영역과 연결시키는 작업을 8년 동안 했더니 정말로 의미있는 성과를 얻었다. '어떤 대상을 다른 말로 대체하여 표현'하는, 그러니까 유식한 말로 메타포(metaphor)를 꽤나 잘 다루게 된 것이다.

덕분에 대학에서 강의도 한다. 세상엔 블로그 전문가도 많고, 한편으로 글쓰기를 잘 가르치는 강사도 많다. 하지만 둘 다 잘하는 이는 드물다. 각각의 분야엔 천재들이 참으로 많지만, 두 분야를 합했더니 경쟁할 필요가 없었다.

지금도 돌 속에 갇혀 있을 무수한 신화들

미켈란젤로는 조각에 대해 '돌을 쪼아 사람을 만드는 것이 아니라 돌 속에 갇힌 사람을 끌어내는 일'이라 정의했다. 이성복 시인은 이 말을 받아 '글쓰기란 말을 쪼아 사람을 만드는 일'이라고 한 줄 명언을 남겼다. 이런 천재들의 틈바구니에 과연 내가 설 자리가 있겠나 싶을 때가 있다. 그럴 때면 스페인 화가 호안 미로(Joan Miro)의 말을 떠올리며 용기를 되찾는다.

"무엇을 그리기 위해 작업을 시작하는 것이 아니라, 그림을 그리기 시작하면 그 도중에 형태가 스스로 드러난다."

성취는 실천하는 자들의 몫이다. 꼭 무엇을 위해서가 아니어도 좋다. 일단은 캔버스 앞에 앉아 붓을 먼저 들면 된다. 그 붓 아래에서 형태들은 여자가 되기도 하고 새가 되기도 한다. 호안 미로의 말처럼 '첫 단계는 자유롭고 무의식적이지만 두 번째 단계는 치밀하게 계산된 것'이어야 한다.

이 책은 자유롭고 무의식적인, 하지만 끊임없는 실천으로 성과를 이룬 자들의 결과물이다. 그들이 찍은 수많은 마침표는 여기에서 그치지 않고 다음 문장, 또 그다음 문장을 계속해서 불러올 것이다.

이들과 함께 칼럼을 쓰며 새삼 깨달은 사실이 하나 있다. 이성복 시인의 말대로 애초에 말속에 갇혀 구원을 기다리는 사람 같은 건 없었다. 있다면 구원에 대한 신화가 있을 뿐. 알듯 모를 듯이 묘한 말의 깊이와 뜻을 이제는 어렴풋이 알 것 같다.

오늘도 성실히 말을 쪼아 사람을 만들고 있을 당신에게 이 책을 바친다.

미디어 성과독서 클럽 칼럼 코치

최원대

**콘텐츠
세계
시리즈**

인간은 생각을 하기 때문에 다른 동물들과 차별화된다. 원시 인간은 자신의 생각을 소리나 그림으로 표현하기 시작했다. 처음으로 콘텐츠가 만들어진 것이다. 시간이 흐르자 언어와 문자가 태어났고, 이를 통해 역사와 문화가 만들어졌다. 이로써 콘텐츠 세계가 시작되었다.

콘텐츠
세계
시리즈07

성과독서
경험이 칼럼이 되는 지식 콘텐츠

초판 1쇄 인쇄 2022년 2월 23일
초판 1쇄 발행 2022년 2월 28일

지은이. 김은진, 강성윤, 김희경, 노유진, 설 원, 심지영, 염선빈, 오지영, 윤은정, 윤지숙, 이정임,
    이지연, 이진훈, 이현아, 장우현, 장윤정, 장진수, 정다겸, 정미선, 정진일, 조재숙, 조현정,
    지홍선, 최원대
펴낸이. 김태영

씽크스마트 미디어 그룹
서울특별시 마포구 토정로 222(신수동) 한국출판콘텐츠센터 401호 전화. 02-323-5609
웹사이트. thinksmart.media
인스타그램. @thinksmart.media
이메일. contact@thinksmart.media

•씽크스마트 - 더 큰 생각으로 통하는 길
'더 큰 생각으로 통하는 길' 위에서 삶의 지혜를 모아 '인문교양, 자기계발, 자녀교육, 어린이 교양·학습, 정치사회, 취미생활' 등 다양한 분야의 도서를 출간합니다. 바람직한 교육관을 세우고 나다움의 힘을 기르며, 세상에서 소외된 부분을 바라봅니다. 첫 원고부터 책의 완성까지 늘 시대를 읽는 기획으로 책을 만들어, 넓고 깊은 생각으로 세상을 살아갈 수 있는 힘을 드리고자 합니다.

•도서출판 사이다 - 사람과 사람을 이어주는 다리
사이다는 '사람과 사람을 이어주는 다리'의 줄임말로, 서로가 서로의 삶을 채워주고, 세워주는 세상을 만드는 데 기여하고자 하는 씽크스마트의 임프린트입니다.

•진담 - 진심을 담다
진담은 씽크스마트 미디어 그룹의 인터뷰형 홍보 영상 채널로 '진심을 담다'의 줄임말입니다. 책과 함께 본인의 일, 철학, 직업, 가치관, 가게 등 알리고 싶은 내용을 영상으로 만들어 사람들에게 제공하는 미디어입니다.

ISBN   978-89-6529-309-5 (03300)

ⓒ 2022 씽크스마트
이 책에 수록된 내용, 디자인, 이미지, 편집 구성의 저작권은 해당 저자와 출판사에게 있습니다.
전체 또는 일부분이라도 사용할 때는 저자와 발행처 양쪽의 서면으로 된 동의서가 필요합니다.